Jo-Jo

Sprachbuch 3
Grundschule Bayern

Erarbeitet von

Olga Brinster, Gersthofen

Isabelle Lux, Obergriesbach

Unter Beratung von

Enno Hörsgen, Langerringen
Dr. Klaus Metzger, Gersthofen
Dr. Helga Rolletschek, Brunnthal
Prof. Dr. Angelika Speck-Hamdan,
München

Cornelsen

Inhalt

Themenkapitel

Ich – Du – Wir	4
Herbst	10
Natur entdecken: Pflanzen	16
1. Jo-Jo-Test	22
Vorhang auf!	24
Winter	28
Das bin ich	34
Freizeit	40
Natur entdecken: Tiere	46
2. Jo-Jo-Test	52
Frühling	54
Wie wir leben	60
Zeiten und Räume	66
Sommer	72
3. Jo-Jo-Test	78
Ich liebe Bücher	80

Arbeitstechniken

Wir lernen und üben gemeinsam	84
Im Doppelkreis lernen	85
Wörter und Texte richtig schreiben üben	86
Ein Portfolio anlegen	87
Wörter im Wörterbuch nachschlagen	88
Ein Lerntagebuch führen	89

Richtig schreiben

Wörter mit Doppelkonsonanten	90
Wörter mit ck und tz	92
Wörter mit ng und nk	94
Wörter mit V/v	96
Verlängern: b, d, g am Wortstammende	98
Verlängern: Adjektive	100
Ableiten: Wörter mit ä und äu	102
M Wörter mit langem i-Laut	104
M Merkwörter mit Dehnungs-h	106
Wörter aus anderen Sprachen	108

Sprache untersuchen

Nomen, bestimmter und unbestimmter Artikel	110
Verben: Grundform und Personalform	112
Wortstamm und Endung	114
Gegenwart und Vergangenheit	116
Zusammengesetzte Nomen, Verben mit Vorsilben	118
Adjektive	120
Wortfamilien	122
Wortfelder	124
Nomen mit -ung, -heit, -keit, -nis	126
Satzglieder	128
Prädikat und Subjekt	130
Wörtliche Rede und Redebegleitsätze	132

Schreiben

Einen Sachtext planen	134
Stichworte für Sachtexte finden	136
Texte zusammenfassen	138
Texte verstehen und erschließen	140
Steckbriefe schreiben	142
Briefe überarbeiten	144
Erzählende Texte sinnvoll aufbauen 1	146
Erzählende Texte planen und schreiben	148
Erzählende Texte sinnvoll aufbauen 2	150
Wörtliche Rede in Geschichten	152
Texte überarbeiten 1	154
Texte überarbeiten 2	156
Gedichte	158

Wörterliste	160
Wichtige Fachbegriffe	166

Ich – Du – Wir

ICH **1** Betrachte das Bild. Was kennst du aus deiner Klasse?
Achte auf die Gesichter und die Körperhaltung der Kinder.

DU ICH **2** Berichte deinem Partnerkind, was die Kinder sagen könnten.

Hopp, Pferdchen, hopp!

Komm. Ich helfe dir!

Das macht Spaß!

Spinnt ihr?

Das tut bestimmt weh!

G **3** Wie findet ihr das Verhalten mancher Kinder?
Besprecht euch in eurer Gruppe. Begründet eure Meinungen.

WIR **4** Stellt eure Meinungen der ganzen Klasse vor.

Erzählende Texte sinnvoll aufbauen 1

1 Lies den Text. Was für ein Ereignis findet hier statt? Überlege.

Gestern sah Tom in der Pause, dass Ali aus der 1. Klasse die Kinder auf dem Klettergerüst beobachtete. Er dachte: „Warum macht er nicht mit? Vielleicht traut er sich nicht?"

Tom fragte Ali: „Willst du hochsteigen? Soll ich dir helfen?" Ali nickte. Er kletterte langsam die Leiter hoch. Ich hielt ihn an seiner Hose fest.

Endlich war er oben. Geschafft! Ali sah auf die anderen Kinder hinunter. Er winkte fröhlich.

Doch plötzlich wurde er still und setzte sich ganz vorsichtig hin. „Was ist los? Sollen wir wieder runtersteigen?", fragte Tom. Ali schluchzte: „Ich kann nicht. Ich habe solche Angst."

Aber dann...

ICH **2** Wie ist die Erzählsituation des Textes? Schreibe die Fragen **Wer? Wann? Wo?** und die passenden Antworten in dein Heft.
Wer?: Tom, ...

DU ICH **3** Was hat dein Partnerkind über den Text herausgefunden? Vergleicht eure Antworten.

WIR **4** Schreibe einen passenden Ausgang für die Geschichte auf.

Ein erzählender Text ist sinnvoll aufgebaut, wenn er
- eine passende **Erzählsituation** (Wer? Wann? Wo?) hat,
- von einem erzählenswerten **Ereignis** handelt und
- einen passenden **Ausgang** hat.

G **5** Lest eure Geschichten in eurer Gruppe vor. Besprecht, ob der Ausgang der Geschichte zum Anfang passt.

WIR **6** Was ist für euch ein erzählenswertes Ereignis? Diskutiert in der Klasse.

Schreiben S. 146

Nomen

1 Schreibe den Text ab.
Ersetze die Bilder durch Nomen.

In der Pause wollen Katja und Mesut die  putzen.

Sie können aber den  nicht finden.

Plötzlich fliegt ein  durch die Luft.

Katja wird am  getroffen. Wer war das?

Stefan verfolgt Jana, weil sie ihn geärgert hat.

Dabei stößt er an  und .

2 Schreibe die eingesetzten Nomen in der Einzahl
und in der Mehrzahl in eine Tabelle. Ergänze die Artikel:

Einzahl	Mehrzahl
die Tafel	die Tafeln
...	...

Nomen bezeichnen Menschen, Tiere, Pflanzen und Dinge.
Nomen haben Begleiter. Es sind die **Artikel** der, die, das, ein, eine.
Nomen können in der **Einzahl** und in der **Mehrzahl** stehen:
der Tisch – die Tische, die Tafel – die Tafeln, das Heft – die Hefte.

3 Prüfe die Wörter in der Wörterschlange. Können sie in der Mehrzahl stehen?
Schreibe nur die Nomen auf: der Ball – die Bälle, ...

DU ICH **4** Schreibe die vollständigen Nomen in der Einzahl und Mehrzahl auf.
Was fällt dir auf? Berichte deinem Partnerkind: der Raum – die Räume, ...

der R m die B nk der K pf der Z g das T ch das L nd

5 Findest du noch weitere solche Wortpaare?

Bestimmter und unbestimmter Artikel

DU ICH **1** Lies das Streitgespräch mit deinem Partnerkind.
Ergänzt vor den Nomen die passenden Artikel.

der die das ein eine

Bestimmte Artikel vor Nomen: der Ball, die Kiste, das Seil
Unbestimmte Artikel vor Nomen: ein Ball, eine Kiste, ein Seil

DU ICH **2** Schreibe die Sätze aus den Sprechblasen in der richtigen Reihenfolge auf.
Unterstreiche alle eingesetzten Artikel: In der Pausenkiste lagen …
Vergleiche mit deinem Partnerkind.

3 Prüfe, bei welchen Wörtern du einen Artikel ergänzen kannst.
Schreibe die Nomen mit dem bestimmten und dem unbestimmten Artikel auf.

LINEAL	WER	STIFT	SCHÖN	PAPIERKORB
VERTRAGEN	LEISE	STREIT	SPIEL	PAUSE

bestimmter Artikel	unbestimmter Artikel
das Lineal	ein Lineal
…	…

G **4** Wann verwendet man den bestimmten Artikel und wann verwendet man den unbestimmten Artikel? Diskutiert und entscheidet in eurer Gruppe:
Den bestimmten Artikel verwende ich, wenn ich
einen bestimmten Gegenstand …

Ordnen und nachschlagen

1 Lies die Listen der Kinder.
Ordne die Verben auf jedem Plakat nach dem Alphabet: arbeiten, …

ABCDEFGHIJKLMNOPQRSTUVWXYZ

Das ABC nennt man auch **Alphabet**. Es besteht aus 26 Buchstaben.
Im Wörterbuch sind die Wörter alphabetisch geordnet.
Das hilft bei der Suche.

abcdefghijklmnopqrstuvwxyz

2 Ordne die Wörter aus jedem Kasten nach dem Alphabet.
Markiere den 4. Buchstaben: verdienen, …

versprechen	ausmalen	wegwischen
verraten	ausdenken	weggehen
verdienen	ausschlafen	weglaufen
verlieren	austrinken	wegfahren

DU ICH **3** Finde im Wörterbuch weitere Wörter mit **ver-** oder **aus-**.
Vergleiche mit deinem Partnerkind.

4 Gestaltet eigene Plakate für eure Klasse.

S. 88 Arbeitstechniken

Hier üben wir

1 Übe den Text: oder oder oder .

Manchmal gibt es Streit

Diese Woche gab es in der Pause einen bösen Streit.
Keiner weiß, wie er angefangen hat.
Auf einmal schrie Leon Jenny an.
Jenny schlug Leon auf den Rücken.
Plötzlich lag sie am Boden.
Da rief Kai die Streitschlichter.
Die hörten sich an, was passiert war.

Was denkst du: Werden Jenny und Leon ihren Streit bald vergessen können?

die Woche
der Boden
es gab
sie lag
er rief
du denkst
vergessen
plötzlich
ihren

2 Auf welcher Seite findest du die Lernwörter in der Wörterliste? die Woche: S. 165, …

3 Schreibe alle Nomen aus dem Text in der Einzahl und in der Mehrzahl in eine Tabelle. Ergänze die Artikel.

Einzahl	Mehrzahl
die Woche	die Wochen
…	…

4 Schreibe die Nomen mit ihrem unbestimmten Artikel auf.

5 Schreibe alle Verben aus dem Text auf. Schreibe die Grundformen dazu:
gibt – geben, gab – …

6 Schreibe die Grundformen der Verben aus Aufgabe 5 nach dem Alphabet auf:
anfangen, …

7 Was gelingt dir gut beim Weiterschreiben einer Geschichte? Was musst du noch besser machen? Schreibe etwas darüber in dein Lerntagebuch: L

Herbst

ICH **1** Im Herbst kann das Wetter ganz unterschiedlich sein.
Sieh dir die Bilder an. Mache dir Notizen zum Wetter.

DU ICH **2** Berichte deinem Partnerkind über deine Notizen. Sprecht darüber.

G **3** Welches Herbstwetter mögt ihr am liebsten?
Tauscht euch in eurer Gruppe darüber aus,
was ihr an solchen Herbsttagen gern tut.

Mein Lieblingswetter im Herbst ist …

4 Schreibe eine Geschichte zu einem Herbsttag.
Oder: Male ein Bild.

Gedichte

1 Lies die Herbstwörter in den Kästen.

Hirgscht dahoam gits Apfekiachal
auf'm Bichl dar Wind bloast
Drachn lassn mia steign Hunga
voi Baame Gaudi Ernde
i saus pfeilgrad z'ruck

Hirbst hengt voll'r Öpfel
mir spiele drund Fangeles Frääd
dar Kürbis gelb dar Baam
G'spenst ar is reif
ich schnidz a G'sichd

Herbschd gligglich
i hädd gern a Äpfelkuacha
Bläddr falla aiser Freind Abbedid
Dracha lassa ma schdeiga
Äpfl werda gernded
laufa älle schleinig

Herbst Blätter fallen wir rennen
der Wind weht der Kürbis er ist reif
Gespenst Äpfel werden geerntet
wir lassen Drachen steigen glücklich
ich esse gern Apfelkuchen
ich schnitze ein Gesicht

Je nach dem, wo man in Deutschland wohnt, wird die deutsche Sprache etwas anders ausgesprochen, als man sie in Büchern liest. Man nennt das **Dialekt** oder **Mundart**. In Bayern gibt es viele Dialekte.

2 Wähle den Kasten mit den Wörtern in deinem Dialekt aus.
Schreibe mit den Wörtern ein Herbst-Elfchen.
Wenn du keinen Dialekt sprichst, wähle die Wörter in der Standardsprache.

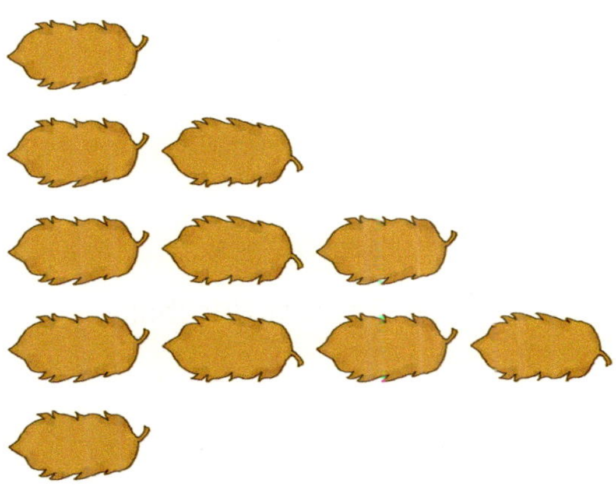

Nenne einen Gegenstand, eine Zeit, eine Farbe, eine Tätigkeit, ein Gefühl …

Wer/was ist es?

Was passiert?

Was mache ich?

Welches Schlusswort?

WIR **3** Tragt die Elfchen in der Klasse vor. Wie gefallen euch eure Elfchen?
Sprecht darüber und begründet eure Meinung.

Schreiben S. 158

Verben

DU ICH **1** Lies den Text. Welche Wörter sagen dir, was jemand tut oder was geschieht? Sprich mit deinem Partnerkind darüber.

So entsteht Wind:
Den Antrieb für Wind liefert die Sonne.
Sie erwärmt die Luft am Boden.
Die warme Luft steigt in die Höhe.
In den freien Raum darunter strömt
kältere Luft aus anderen Gebieten.
Es entsteht ein Luftstrom.
Diesen Luftstrom nennen wir Wind.

> Wörter, die sagen, was jemand tut oder was geschieht, nennt man **Verben**: erwärmen, steigen, strömen.

2 Schreibe den Text ab. Unterstreiche die Verben:
So entsteht Wind: ...

3 Je stärker der Wind weht, desto mehr Geräusche macht er auch. Ordne die Verben danach, wie stark der Wind weht:
weniger stark: hauchen, ...
sehr stark: toben, ...

toben   hauchen   sausen   blasen   säuseln
jagen   stürmen   wehen   heulen   pfeifen

4 Finde die Verben, die zu den Nomen gehören:
der Donner – donnern, ...

der Donner   der Blitz   der Hauch   der Schnee
der Regen   der Schutz   der Hagel   der Sturm

WIR **5** Was fällt euch bei einigen Verben von Aufgabe 4 auf? Sprecht in der Klasse darüber.

Grundform und Personalform

1 Schreibe den Text ab und setze die Verben richtig ein:
Tobias schaut …

Tobias ___ zum Himmel.
Dort oben ___ dicke Wolken.
Bald wird es ___.
Ob er es noch rechtzeitig nach Hause ___?
Tobias ___ seine Mütze auf und ___ los.
Da ___ auch schon die ersten Tropfen.
Tobias ist pitschenass, als er nach Hause ___.

schafft
fallen
schaut
regnen
ziehen
rennt
setzt
kommt

2 Schreibe das Verb **kommen** in allen Personalformen auf:
ich komme
du …
er/sie/es …
wir …
ihr …
sie (alle) …

Verben haben eine **Grundform**: ziehen.
Verben haben verschiedene **Personalformen**:
ich zieh**e**, du zieh**st**, er/sie/es zieh**t**,
wir zieh**en**, ihr zieh**t**, sie (alle) zieh**en**.

3 Immer vier Personalformen gehören zusammen. Schreibe sie auf. Beginne immer mit ich:
ich falle, du …
ich trage, …

ich falle   ich trage   ich esse   ich schlafe
du fällst   du trägst   wir schlafen
er/sie/es isst   er/sie/es trägt   wir essen
er/sie/es fällt   du isst   du schläfst
wir fallen   wir tragen   er/sie/es schläft

G **4** Betrachtet noch einmal die Verbformen aus Aufgabe 3. Vergleicht und erklärt eure Lösungen in der Gruppe. Was fällt euch auf?

Sprache untersuchen S. 112

Verlängern: b, d, g am Wortstammende

DU ICH **1** Lies den Text deinem Partnerkind vor.
Sprich die farbigen Wörter laut und deutlich.
Dein Partnerkind hört genau auf die Wörter.
Was fällt euch auf?

Heute ist ein schöner Tag im Herbst.
Der Wind treibt die Blätter über das Feld.
In roten, gelben und braunen Farben
hat der Herbst die Blätter gefärbt.
Sie glänzen bunt in der Sonne. Julian geht den Weg entlang.
Er hebt Blatt für Blatt auf und legt es in seinen Korb.
Am Abend klebt er mit den Blättern ein Bild.

2 Schreibe alle roten Nomen auf.
Finde die passende Verlängerung
durch die Mehrzahl:
der Tag – die Tage, …

3 Schreibe alle grünen Verben auf.
Finde die passende Verlängerung durch die Grundform.
treibt – treiben, …

> Bei manchen Wörtern hört man **p**, **t** oder **k** am Wortende.
> Man schreibt aber **b**, **d** oder **g**. Wenn du unsicher bist, verlängere das Wort:
> der Ta**g** – die Ta**g**e, trei**b**t – trei**b**en.

4 Nutze die Verlängerung zum richtigen Schreiben.
Schreibe zuerst die Verlängerung: die Diebe – der Dieb, …

der Die   das Pfer   der Wal   der Ber

5 Nutze die Verlängerung zum richtigen Schreiben.
Schreibe zuerst die Verlängerung: steigen – er steigt, …

er stei t   du blei st   es flie t

sie lie t   er ü t   sie rei t

S. 98 Richtig schreiben

Hier üben wir

1 Übe den Text: oder oder oder .

Herbst

Die Blätter fallen von den Bäumen.
Der Wind lässt sie tanzen. Am Himmel ziehen Wolken.
Auf dem Kirchturm dreht sich der Wetterhahn.
Der Wind wird stärker. Anne trägt eine Mütze.
Sie stellt den Kragen ihrer Jacke hoch.
Dann schiebt sie die Hände in die Taschen.

Zum Glück wird ihr warm.
Sie macht sich auf den Weg.

die Bäume
der Wind
der Himmel
die Hände
die Taschen
das Glück
er lässt
sie trägt
sie stellt
sie schiebt
fallen
ziehen
stärker

2 Tausche die Verben. Bilde sinnvolle Sätze:
Der Wind lässt …

Der Wind	ziehen	die Blätter tanzen.
Anne	stellt	eine warme Mütze.
Sie	lässt	den Jackenkragen hoch.
Sie	trägt	eine Hand in die Tasche.
Regenwolken	schiebt	am Himmel.

3 Schreibe die Verben aus Aufgabe 2 mit der Grundform auf:
lässt – lassen, …

4 Schreibe die Verben in allen Personalformen: ich bleibe, du …

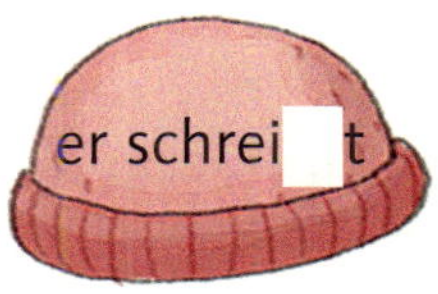

ich
du
er/sie/es
wir
ihr
sie (alle)

DU ICH **5** Du hast gelernt, wie man Wörter verlängert.
Schreibe etwas darüber in dein Lerntagebuch: L
Besprich dein Wissen mit deinem Partnerkind.

Natur entdecken: Pflanzen

ICH **1** Wie verändern sich Wald und Feld im Jahreslauf? Sieh dir die Bilder an. Mache dir Notizen.

DU ICH **2** Erkläre deinem Partnerkind deine Notizen.

G **3** Welche Feldpflanzen entdeckt ihr? Kennt ihr noch andere? Tauscht euch in eurer Gruppe darüber aus.

4 Erstellt Portfolios zu Pflanzen.

Mohnblume
Weizen
Hafer
Kornblume
Distel
…

Stichworte für Sachtexte finden

1 Lies den Text. Kläre mit Hilfe des Wörterbuchs Wörter, die du nicht verstehst.

Bei den Waldbäumen unterscheidet man zwischen Nadelbäumen und Laubbäumen.
Es gibt viele verschiedene Nadelbäume. Wenn man sich die Nadeln und die Zapfen ganz genau ansieht, kann man den Baum richtig bestimmen.
Die Nadeln der Tanne haben einen weißen Streifen auf der Unterseite.
Die Fichtennadeln sind spitzer und feiner als die der Tanne.
Sie sind rund um die Zweige angeordnet.
Die blaugrünen Nadeln der Kiefer sind spitz und stehen paarweise. Die weichen, kurzen und hellgrünen Nadeln der Lärche wachsen dagegen in Büscheln. Die Lärche ist auch der einzige Nadelbaum, der im Herbst seine Nadeln abwirft.
Alle heimischen Nadelbäume haben Zapfen. Die Zapfen der Fichte hängen an den Ästen nach unten. Im Gegensatz dazu stehen die Zapfen der Tanne aufrecht auf den Zweigen. Die Zapfen fallen nicht auf den Boden, sondern verlieren nur einzelne Zapfenschuppen.
Die Zapfen der Kiefer sind zuerst grün und geschlossen, reifen dann und fallen erst nach drei Jahren ab. Die kleinen runden Zapfen der Lärche fallen nur zusammen mit dem abgestorbenen Ast ab.
Nadelbäume leben sehr lange. Kiefer und Lärche können bis zu 300 Jahre alt werden, Tanne und Fichte sogar bis zu 700 Jahre.

Kiefer

Fichte

2 Wähle einen Nadelbaum aus. Suche im Text Stichworte zu deinem Nadelbaum. Ordne die Stichworte in die Tabelle ein:

Name des Nadelbaums	Nadeln	Zapfen	Höchstalter
...	...	...	...

3 Schreibe einen Sachtext zu deinem Nadelbaum.

WIR **4** Findet Fotos oder malt Bilder zu euren Nadelbäumen.
Gestaltet mit den Bildern und euren Texten ein Klassenposter.

Adjektive

1 Beschreibe deinem Partnerkind die Fundstücke genau.
Verwende passende Adjektive.
Dein Partnerkind hört gut zu: Kann es die Fundstücke erraten?

stachelig weich süß giftig braun rot

schön duftend hart grün lang blau

2 Zu welchen Adjektiven aus Aufgabe 1 gibt es einen Gegensatz?
Schreibe die Wortpaare: stachelig – stumpf, weich – ...

> **Adjektive** beschreiben, wie etwas oder jemand ist.
> Wenn Adjektive vor Nomen stehen, verändern sie sich:
> Der Acker ist **leer**. – der **leere** Acker, auf dem **leeren** Acker.

3 Schreibe den Text mit den passenden Adjektiven:
Im Spätsommer steht das reife ...

Im Spätsommer steht das ___ Korn auf dem Acker.
Der Bauer fährt mit einer ___ Maschine auf das Feld.
Er mäht die ___ Ähren und drischt sie.
Die ___ Körner kommen in die Mühle.
Dort werden sie zu ___ Mehl gemahlen.
Körner ohne Schale werden zu ___ Mehl,
Körner mit Schale zu Vollkornmehl gemahlen.

reif
groß
lose
lang
weiß
fein

e
n
en
em

4 Lies den Text einmal mit und einmal ohne Adjektive durch.
Welcher Text gefällt dir besser? Warum?

5 Erkläre die zusammengesetzten Adjektive:
bildschön – schön wie ein ...

bildschön zuckersüß himmelblau rabenschwarz eiskalt

Adjektive mit -ig und -lich

1 Was braucht ihr zum Einpflanzen von Blumenzwiebeln?
Sammelt die Namen von Pflanzen und Geräten an der Tafel.

2 Schreibe den Text ab.
Unterstreiche alle Adjektive mit **-ig** und **-lich**: Tim darf …

Tim darf mit seinem Vater Blumenzwiebeln einpflanzen. Der Boden muss weich und erdig sein. Sie suchen eine sonnige Stelle aus, die nicht zu hügelig ist. Die Gartenschaufel ist ziemlich rostig. Tim hüpft ungeduldig auf einem Bein. Am liebsten würde er schon heute an den herrlichen Blumen riechen und einen prächtigen Strauß pflücken.

3 Finde zu jedem Nomen das passende Adjektiv im Text:
die Erde – erdig, …

die Erde | die Sonne | der Hügel | der Rost

die Ungeduld | der Herr | die Pracht

> Wörter mit den Wortbausteinen **-ig** und **-lich** sind Adjektive: bergig, herbstlich.

4 Bilde aus den Nomen Adjektive
mit den Wortbausteinen **-ig** und **-lich**.
Kontrolliere mit der Wörterliste: eckig, …

Hast, Freund, Gefahr, Lust, Tag, Angst, Vorsicht, Luft, Ecke, Hunger, Fest

Verlängern: Adjektive

1 Schreibe die Sätze ab. Unterstreiche die Adjektive:
Aus dem Gemüsegarten …

Aus dem Gemüsegarten ernten die Kinder viele Lebensmittel: knackige Salate, erdige Kartoffeln, runzelige Pilze und runde Kohlköpfe. Wären da nur nicht die stacheligen Brombeeren! Caro findet an einem schattigen Platz sogar eine schleimige Schnecke. Franz pflückt gesunde Kräuter und wickelt sie in sein gelbes Taschentuch.

DU ICH 2 Sprich die Adjektive laut und deutlich.
Was fällt dir auf? Berichte deinem Partnerkind.

gesund schattig rund gelb schleimig

3 Schreibe zu jedem Adjektiv die Verlängerung und ergänze ein Nomen.
Schreibe dann das Adjektiv: *die lästige Blattlaus – lästig, …*

lästi
lusti
winzi
gifti
hartnäcki
rutschi

Blattlaus Steine Gartenzwerg Unkraut Käfer Pilze

4 Die Tafeln sind verwischt. Male sie in dein Heft und beschrifte sie richtig.

S. 100 Richtig schreiben

Hier üben wir

1 Übe den Text: oder oder oder .

Die Ernte

Draußen vor dem Dorf wird das Korn gemäht. Die Körner werden zu Mehl gemahlen. Der Bäcker bäckt aus Mehl, Wasser, Salz und Hefe viele Brotsorten.
Auch die Kartoffeln werden jetzt geerntet. Der Bauer fährt mit der schweren Erntemaschine auf den Acker.
Die schlechten Kartoffeln werden aussortiert.
Die restliche Ernte verkauft der Bauer auf dem Wochenmarkt.

Nach der Ernte sind die Felder leer und verlassen. Man sieht noch die Abdrücke von den Rädern der Maschinen. Dann wird der Boden umgepflügt und für neues Saatgut vorbereitet.

das Dorf
der Bäcker
das Wasser
die Räder
die Maschinen
er bäckt
er fährt
draußen
schweren
schlechten
neues

2 Schreibe alle Nomen aus dem Text in der Einzahl auf:
die Ernte, das Dorf, ...

3 Ergänze bei den Adjektiven den richtigen Wortbaustein: billig, ...

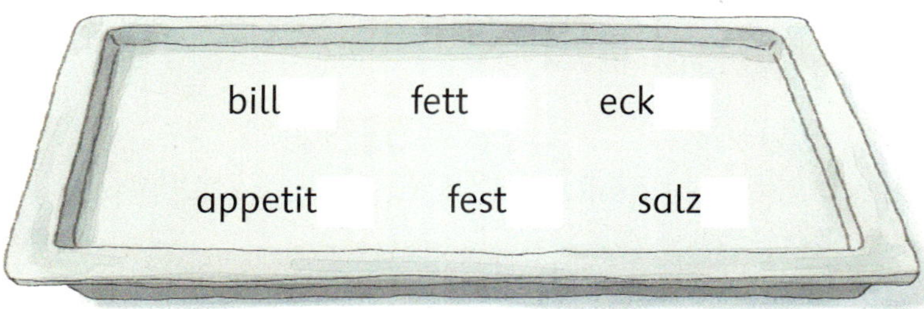

4 Ergänze bei den Adjektiven den letzten Buchstaben.
Finde zunächst eine Wortgruppe mit verlängertem Adjektiv:
das würzige Brot – würzig, ...

würzi gro lie gesun blin

lusti ekeli safti fleißi run

5 Was weißt du jetzt über Adjektive? Schreibe in dein Lerntagebuch:

1. Jo-Jo-Test

Nomen

1 Finde die Nomen und schreibe sie mit ihren bestimmten Artikeln auf.

Der Hut weht vom Kopf.	Auf der Leine hängt mein Hemd.
Im Garten läuft ein Igel.	Der Baum hat ein rotes Blatt bekommen.
Die kleine Nuss passt in meinen Mund.	

2 Schreibe zu allen Nomen auch die Mehrzahl.

Ordnen und nachschlagen

3 Finde die Wörter in der Schlange. Ordne sie nach dem Alphabet.

Verben: Grundform und Personalform

4 Schreibe den Text ab.
Setze dabei die Verben in die richtige Personalform.
Unterstreiche die Endungen.

Die Klasse 3d (basteln) mit ihrem Lehrer Laubfiguren.
Ein Mädchen (verteilen) die Klebestifte.
Alle Kinder (holen) sich ihre Schere und ein Blatt Papier.
Ein Junge (bringen) alle gesammelten Blätter in die Mitte.
Dann (gehen) es los. Einige Schüler (arbeiten) schnell.
Der Lehrer sagt: „Ihr (helfen) bitte den anderen Kindern."
Am Ende der Stunde (haben) alle Kinder
ein Bild mit Laubfiguren.

Verlängern: b, d, g am Wortstammende

5 Finde die Konsonanten und verlängere die Wörter.

Adjektive

6 Setze die Adjektive der Reihenfolge nach in den Text ein.

giftig alt weich biegsam rot dicht hart

Die europäische Eibe ist ein ___ Nadelbaum. Es ist eine besonders ___ Baumart. Die Eibe hat ___ und ___ Nadeln. Die Samen sind von einem ___ Mantel umhüllt, den man Arillus nennt. Da das Holz der Eibe besonders ___ wächst, ist es sehr ___. Es wird zum Beispiel für den Bau von Musikinstrumenten verwendet.

Adjektive mit -ig und -lich

7 Bilde Adjektive mit -ig oder -lich.

Fleiß Gift Feind Kraft Sonne Salz

Ecke Schmutz Schatten Angst Dreck

Blut Mut Vorsicht Freund Glück Durst

8 Finde zu sechs Adjektiven passende Nomen. Dabei soll das Adjektiv immer vor dem Nomen stehen, zum Beispiel: *ein fauliger Apfel, …*

faulig empfindlich fröhlich

nebelig fürchterlich kuschelig

Vorhang auf!

G **1** Betrachtet das Bild. Zwei Figuren denken sich in diesem Theaterstück einen Streich aus. Warum wollen sie den Streich wohl spielen? Darf man anderen einen Streich spielen? Sprecht in eurer Gruppe darüber.

WIR **2** Hast du auch schon mal einen Streich gespielt? Warum? Erzähle davon.

Ich bin der Meinung …

Ich finde, dass …

Ich glaube, dass …, weil …

Ein Theaterstück weiterschreiben

1 Lest den Beginn des Theaterstücks mit verteilten Rollen.

Der gemeine Mäusestreich

Die beiden frechen Mäuse Wolly und Polly sitzen hinter dem Sofa und hecken einen Streich aus. Sie wollen sich an Kater Karlo rächen.

Wolly: Stell dir vor, der Kater hat den ganzen Speck aus der Vorratskammer aufgefressen! Dafür sollten wir ihm einen Streich spielen.

Polly: Prima! Ich habe schon eine Idee.

Die Mäuse schleichen in die Küche. Dort holen sie ein große Pfeffermühle. Dann huschen sie zurück ins Wohnzimmer. Der Kater Karlo liegt inzwischen in seinem Korb.

Karlo: Oh, bin ich hundemüde! Der Speck aus der Vorratskammer liegt mir schwer im Magen.

Polly (flüsternd): Gleich ist der Kater tief und fest eingeschlafen. Dann streuen wir den Pfeffer über ihn.

Kater Karlo beginnt zu schnarchen.

Wolly: Es ist so weit! Los!

Die Mäuse schleichen sich heran und streuen den Pfeffer über den Kater.

Polly: Und jetzt schnell weg!

Der Pfeffer kitzelt Kater Karlo. Er beginnt zu jaulen und kratzt sich überall.

Karlo: Hilfe! Warum juckt das so? Wer war das? Bestimmt die Mäuse. Na wartet!

WIR **2** Wie könnte das Theaterstück weitergehen? Sammelt Ideen in der Klasse. Denkt darüber nach: Kann der Streit auch durch ein Gespräch geklärt werden?

3 Schreibt das Theaterstück zu Ende oder malt Bilder dazu. Setzt euch einen Termin. Bis wann schafft ihr das?

Eine Theateraufführung planen

1 Bevor ihr das Theaterstück vorspielt, müsst ihr Handpuppen für die Mäuse und den Kater basteln.

Das braucht ihr dazu:

Papiertüten • Bastelpapier in verschiedenen Farben • Schere • Kleber • Wolle

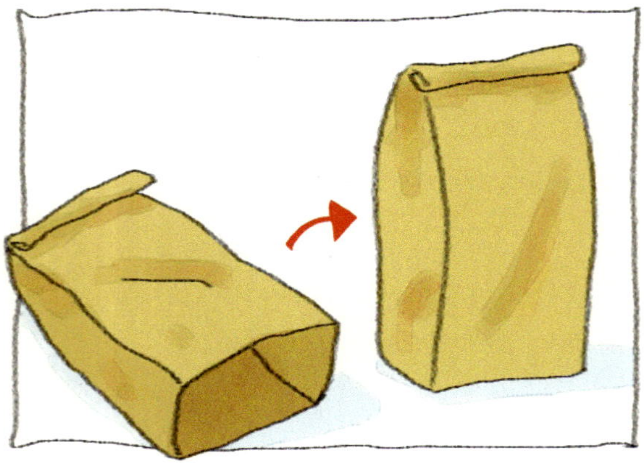

1. Legt für jedes Tier eine Papiertüte so auf den Tisch, dass der zusammengefaltete Tütenboden oben liegt.

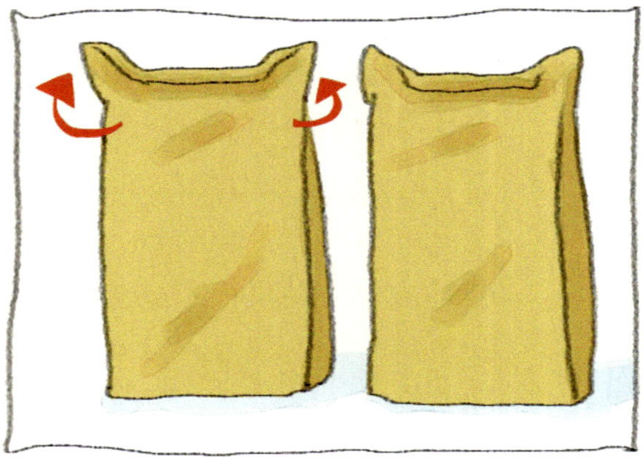

2. Knickt für die Mäuse die zwei oberen Ecken um.

3. Schneidet aus dem Bastelpapier Augen, Nasen und Ohren.

4. Macht aus der Wolle Fell für die Mäuse und Fell und Schwanz für den Kater.

2 Überlegt, was ihr noch vorbereiten müsst. Verteilt die Rollen.

Theater spielen

1 Ihr könnt das Theaterstück mit Musik und Geräuschen untermalen. Denkt euch passende Geräusche aus.

Die Mäuse streuen den Pfeffer auf den Kater.

...

2 Sucht passende Lieder oder Musikstücke.

3 Für das Theaterstück braucht ihr zwei Bühnenbilder. Sammelt dafür Ideen in der Gruppe.

4 Malt zunächst das Wohnzimmer auf und überlegt, wie ihr die Einrichtung herstellen könnt. Geht genauso bei der Gestaltung des Bühnenbilds für die Küche vor.

5 Übt nun in Gruppen das Theaterstück mit den Handpuppen. Gebt euch gegenseitig Rückmeldungen zu eurem Spiel.

6 Ihr könnt das Stück auch als Personentheater spielen.

Winter

Schweden

Dänemark

Griechenland

ICH **1** In vielen Bräuchen zur Weihnachtszeit spielt Licht eine Rolle.
Finde zu jedem Land den passenden Brauch.

Mädchen tragen weiße Gewänder und Kränze mit brennenden Kerzen. Sie sollen die dunkle Jahreszeit erhellen.

Zwölf Nächte brennen Weihnachtsfeuer. Sie sollen Kobolde vertreiben, die zur Weihnachtszeit ihr Unwesen treiben.

Auf der Kalenderkerze sind die Dezembertage bis Weihnachten markiert. Sie wird jeden Tag angezündet und stimmt die Menschen auf das Christfest ein.

DU ICH **2** Welcher Weihnachtsbrauch gefällt dir?
Begründe deine Wahl deinem Partnerkind.

Mir gefällt …, weil …

G **3** Sammelt in eurer Gruppe weitere Weihnachtsbräuche aus anderen Ländern.

WIR **4** Stellt die Weihnachtsbräuche in der Klasse vor.
Oder: Berichtet, was eure Familien an den Weihnachtstagen machen.

Texte verstehen und erschließen

1 Lies den Text.

Hoch im Norden, mitten in den großen Wäldern, lag einst ein See. Am See wuchs fern vom Sonnenlicht eine kleine Tanne. Nur ein leiser Wind säuselte in ihren Zweigen. In der klirrenden Kälte fror die kleine Tanne sehr. Doch eines Nachts wurde es hell um sie. Über dem See stand ein heller flackernder Stern. Auch ein Rentier sah ihn, als es im gemächlichen Tempo an der Tanne vorbeitrottete. Das Rentier und die kleine Tanne bewunderten den Stern und schwärmten von seiner Schönheit.
Als über dem See der Morgen dämmerte, flog eine Taube herbei. Sie überredete das Rentier, ihr zu folgen. Die Taube führte es zu einer schneebedeckten Wiese, auf der bunte Kerzen leuchteten. Die Taube schlug vor, viele bunte Kerzen zur kleinen Tanne zu bringen. Das Rentier lud die kostbare Last auf sein prächtiges Geweih und galoppierte, gefolgt von der Taube, zurück zur Tanne. Sie steckten ihr die Kerzen auf und staunten. Die kleine Tanne sah wie ein prunkvoller Weihnachtsbaum aus.
Die grimmige Kälte spürte sie nicht mehr, denn die Kerzen spendeten ihr Wärme. Die kleine Tanne strahlte den goldenen Sternenglanz in die kalte Nacht hinaus.

ICH **2** Schreibe eine Liste mit Wörtern, die du nicht verstehst.

DU ICH **3** Welche Wörter hat dein Partnerkind aufgeschrieben?
Könnt ihr euch gegenseitig Wörter erklären?

DU ICH **4** Findet Erklärungen im Lexikon, im Internet oder mit Hilfe eines Erwachsenen.
Schreibt die Erklärungen in die Listen.

ICH **5** Stell dir vor, du bist die kleine Tanne. Schreibe den ersten Absatz der Geschichte aus ihrer Perspektive in der Ich-Form.
Du darfst die Sätze der Geschichte verändern:
Ich wuchs hoch im Norden, mitten in den großen Wäldern, an einem See. …
Die Fragen helfen dir.

Wo wuchs die kleine Tanne?

Wie geht es ihr? Was sah sie eines Nachts? Was passierte dann?

Schreiben S. 140

Fragesätze, Ausrufe und Aufforderungen

DU ICH **1** Lies die Sätze laut deinem Partnerkind vor. Hast du alle Sätze gleich gelesen? Sprecht darüber.

2 Ordne die Fragesätze, Ausrufe und Aufforderungen in die Tabelle. Mache die Klangprobe: Geht deine Stimme am Ende eines Satzes nach oben? Dann ist es ein Fragesatz.

Fragesatz	Ausruf	Aufforderung
...	...	...

Nach einem Fragesatz setzt man ein **Fragezeichen**: Wann kommst du**?**
Nach einem Ausruf oder einer Aufforderung setzt man ein **Ausrufezeichen**:
O Schreck**!** Komm bitte her**!**

3 Spielt die Szene aus Aufgabe 1. Drückt mit eurer Stimme aus, ob ihr Aussagesätze oder Fragesätze sprecht.

Nomen mit -ung, -heit, -keit, -nis

1 Lies den Text. Wörter mit **-ung**, **-heit**, **-keit**, **-nis** sind Nomen.
Finde die Nomen im Text und schreibe sie auf: die Erlaubnis, …

Elisa, Luca und Paul laufen auf dem Natureisplatz am Tegernsee Schlittschuh. Vorher haben sie ihre Eltern um Erlaubnis gefragt. Damit sie keine Erkältung bekommen, haben sie sich warme Kleidung angezogen. Zur Sicherheit hat Pauls Papa die Festigkeit des Eises geprüft. Dabei war höchste Aufmerksamkeit gefragt. Luca flitzt über das Eis. Er kann nicht rechtzeitig bremsen und schubst Elisa um. „Achtung!“, ruft Paul. „Pass besser auf!“ Luca antwortet: „Verzeihung, Elisa.“ „Das kommt von deiner Schnelligkeit“, sagt Elisa. „Alles in Ordnung!“

Wörter mit **-ung**, **-heit**, **-keit** und **-nis** sind Nomen.
Man kann sie aus Verben und Adjektiven bilden:
teilen – die Teilung, sicher – die Sicherheit

2 Bilde Nomen. Schreibe sie mit Artikel auf.
Überprüfe die Artikel mit dem Wörterbuch.

prüfen erklären -ung wohnen	krank schön -heit klug	sauber heiser -keit fröhlich	geheim erleben -nis hindern

G **3** Seht euch in eurer Gruppe noch einmal die Nomen und Artikel an.
Was fällt euch auf?

Merkwörter mit Dehnungs-h (M)

DU ICH **1** Lies den Text. Was fällt dir bei den roten Wörtern auf? Besprich dich mit deinem Partnerkind.

Jedes Jahr feiern wir in der Schule am letzten Schultag Weihnachten. Nach der Frühstückspause setzen wir uns mit unserer Lehrerin in einen Stuhlkreis. Auf einem Tisch in der Mitte steht ein Kranz mit Kerzen.
Um zehn Uhr darf ein Kind eine Geschichte erzählen. Leon erzählt fröhlich, dass er gebacken hat. Als er die Zutaten abzählte, rollte ein Ei vom Tisch. Es zerplatzte auf dem Boden. Leon wollte dann das Mehl einrühren, aber der Mixer pustete alles aus der Schüssel. Das Mehl war in der ganzen Küche verteilt. Als Leons Mutter kam, lachte sie laut und nahm Leon in den Arm.

> Manchmal folgt einem langen Vokal ein Dehnungs-**h**, das du nicht hörst: zählen, die Lehrerin.

2 Schreibe die roten Wörter auf.
Markiere in jedem Wort das Dehnungs-**h**: Jahr, …

3 Ordne die Wörter nach Wortstämmen: wohnen, …

4 Finde weitere Wörter mit Dehnungs-**h**.
Ein Wörterbuch hilft dir dabei: fehlen, …

5 Welche Weihnachtsgeschichte kannst du erzählen?

S. 106 Richtig schreiben

Hier üben wir

1 Übe den Text: oder oder oder .

In der Weihnachtszeit

Für ihre Weihnachtsfeier haben sich die Kinder der Klasse 3 einiges überlegt.
Der Klassenraum ist schön geschmückt.
An den Fenstern hängen glänzende Sterne.
Kerzen brennen und strahlen in einem warmen Licht.
Die Kinder spielen das Weihnachtsmärchen vor.
Danach sitzen sie mit ihren Eltern noch fröhlich zusammen. Sie trinken Tee und Saft und essen Lebkuchen.

Zuletzt singen alle gemeinsam „O Tannenbaum".
„Die Feier hat mir sehr gefallen", sagt Hannas Mutter.

die Kinder
die Fenster
die Sterne
das Licht
das Märchen
die Eltern
der Saft
sitzen
trinken
singen
sehr
zusammen

2 Schreibe alle Wörter mit Dehnungs-**h** aus dem Text auf:
Weihnachtszeit, …

3 Bilde Sätze und schreibe sie auf: Viele Sterne glänzen …

Viele Sterne	singen	die Weihnachtsfeier.
Die Kinder	gefällt	im Klassenraum.
Den Eltern	spielen	das Weihnachtsmärchen vor.
Zuletzt	glänzen	alle ein Weihnachtslied.

4 Verwandle die Aussagesätze aus Aufgabe 3 in Fragesätze.

5 Finde die Nomen und schreibe sie mit Artikel auf: die …

WARM ERKÄLTUNG KRANKHEIT JETZT
GEHEIMNIS BLAU FRÖHLICHKEIT

6 Was hast du über die verschiedenen Satzarten gelernt?
Schreibe in dein Lerntagebuch: L

Das bin ich

Fragebogen für Jungen
Klasse 3a: 11 Jungen

	gern	egal	nein
Würdest du dich neben ein Mädchen setzen?	1	7	3
Spielst du in der Pause mit Mädchen?	4	6	1

Fragebogen für Mädchen
Klasse 3a: 13 Mädchen

	gern	egal	nein
Würdest du dich neben einen Jungen setzen?	4	8	1
Spielst du in der Pause mit Jungen?	5	5	3

G **1** Seht euch in eurer Gruppe die beiden Fragebögen an.
Beantwortet die Fragen. Lasst euch gegenseitig in Ruhe ausreden.

Wie viele Jungen möchten in der Pause gern mit Mädchen spielen?

Wie viele Mädchen möchten nicht neben einem Jungen sitzen?

Welche Antwort wurde am häufigsten gewählt?

Sitzen die Mädchen und Jungen meistens gern nebeneinander?

WIR **2** Erstellt einen Fragebogen für die Klasse.
Füllt den Bogen in Druckschrift aus und sprecht über die Ergebnisse.

Briefe überarbeiten

1 Ayana kommt aus Äthiopien. Sie geht jetzt in München zur Schule.
Vieles ist noch neu für sie.
Lies, was sie ihrem besten Freund Amanuel schreibt.

> Lieber Amanuel, 20.09.2015
>
> jetzt bin ich schon drei Wochen in der neuen Schule. Ich kenne noch nicht viele Kinder. Manche finden es komisch, dass ich so oft meinen bunten Lieblingsrock anziehe. Ein Junge, der Felix heißt, hat sogar zu mir gesagt: „Du siehst ja aus wie beim Fasching!" Ich finde das gemein. Hier gibt es einen tollen Badesee. Wenn du mich besuchst, zeige ich ihn dir.
>
> Viele Grüße
> deine Ayana

G **2** Felix sagt: „Du siehst ja aus wie beim Fasching!"
Ayana sagt: „Bunte Kleider sind viel schöner!"
Wie ist eure Meinung? Diskutiert in eurer Gruppe.

WIR **3** Was könnte Amanuel Ayana antworten?
Sammelt Stichworte an der Tafel.

ICH **4** Stelle dir vor, du bist Amanuel.
Schreibe einen Brief an Ayana.

5 Lies deinen Brief und überarbeite ihn.
- Denke auch an Datum, Gruß und Unterschrift.
- Hast du die richtigen Abstände eingehalten?
- Sind alle Satzanfänge großgeschrieben?
- Hast du an alle Satzzeichen gedacht?

> L ~~l~~iebe Ayana,
> wie geht es dir?
> H hast du schon Freunde gefunden?
> Ich …

6 Schreibe den überarbeiteten Brief
in deiner schönsten Schrift und gestalte ihn.

Schreiben S. 144

Pronomen

1 Lies die Beschreibungen deinem Partnerkind vor. Lies deutlich und langsam. Dein Partnerkind hört genau zu und achtet auf die Satzanfänge.

Beste Freunde
Wir haben keine Geheimnisse voreinander.
Lara kann gut rechnen
und hilft mir immer in Mathe.
Lara ist ein Fan von Harry Potter.
Lara trägt ein Hörgerät.
Lara ist meine beste Freundin.

Beste Freunde
Tim ist mein bester Freund.
Tim kann nacheinander
zehn Schokoküsse essen.
Tim ist neun Jahre alt.
Tims Eltern leben getrennt.
Tim spielt gern Tischtennis,
aber manchmal ist er dabei unfair.

2 Was ist euch beim Lesen und Zuhören aufgefallen? Besprecht euch.

3 Wähle einen Text und überarbeite ihn. Ersetze die Namen an passenden Stellen durch die Pronomen **sie** oder **er**: Beste …

Nomen kann man durch **Personalpronomen** ersetzen: Lara – sie, Tim – er, Lara und ich – wir.

4 Schreibt Rätsel über eure Freunde. Achtung: Verwendet nur Pronomen. Lasst die Klasse die Rätsel erraten.

Er ist klein,
aber stark.
In seiner Freizeit
schwimmt er
im Verein. Er ist
ein sehr guter
Schüler.
In unserer Klasse
macht er meistens
den Tafeldienst.

Wortstamm und Endung

1 Finde im Text alle Wörter mit dem Wortstamm **spiel**.
Schreibe sie auf und unterstreiche den Wortstamm: Spielenachmittag, …

Heute ist ein Spielenachmittag geplant. Jeder darf sich ein Spiel wünschen. Mama sucht sich ein Würfelspiel aus der Spielesammlung aus. Alle sind begeistert und spielen mit. Papa findet ein Brettspiel, das er als Kind schon gespielt hat. Aber wo ist der Würfel dazu? Alle suchen im Spielzimmer. Dennis findet ihn in der Spielverpackung. So kann endlich die zweite Spielrunde beginnen. Welches Lieblingsspiel wird sich Tim wohl aussuchen?

Der Wortbaustein, der bei verschiedenen Wörtern gleich oder ähnlich geschrieben wird, heißt **Wortstamm**: **spiel**en, **Spiel**zeug.

DU ICH **2** Sieh dir die Wörter mit **spiel** mit deinem Partnerkind an.
Worin unterscheiden sich die Wörter? Sprecht darüber.

3 Finde zu den Wortstämmen die richtige Verbendung: ich trinke, …

ich trink	wir schreib	sie sing	er lach	e
ihr schreib	ihr trink	wir lach	wir sing	st
du schreib	du lach	sie trink	du sing	t
				en

4 Finde zu den Endungen den passenden Wortstamm.
Schreibe die Sätze richtig ab: Ich hüpfe gern …

Ich ___e gern mit dem Springseil.

Lara ___t gern kalte Apfelsaftschorle.

Papa ___t gern mit dem neuen Auto.

Wir ___en tolle Sachen aus Bausteinen.

trink
hüpf
fahr
bau

5 Bilde Wortfamilien mit den Wortstämmen aus Aufgabe 4:
trink: trinken, Trinkhalm, …
…

Wörter mit V/v

1 Schreibe alle Wörter mit **V** oder **v** aus dem Text auf. Markiere **V** und **v**.

Viktoria und Oliver verbringen viel Zeit zusammen. Sie wollen im November am Wettbewerb für junge Talente teilnehmen. An einem Sonntag üben sie fürs Vorspielen. Alle Verwandten versammeln sich auf der Veranda des Hauses und lauschen der privaten Vorführung. Viktoria und Oliver sind sehr nervös. Doch nach dem Konzert rufen alle voller Begeisterung: „Bravo!"

2 Wie klingt das **V/v**? Sprich die Wörter. Ordne sie in die Tabelle.

Vogel	Vampir
...	...

davor Verbindung Vorhang Pulver Vorname

Lava Pavian Verlies Vitamin

vielleicht Verkehr brav Kurve vier voll

3 **F/f** oder **V/v**? Überprüfe mit dem Wörterbuch.

Oliver spielt gern im _ußball_erein.

In _ier oder _ünf Jahren möchte er _ußballer bei einem großen _erein werden. Später wird er _iel Geld _erdienen.

Sein _etter unterstützt Oli_er bei seinem _orhaben.

Das _ußballtraining _ordert _iel Ausdauer.

Auch Oli_ers _ater kickt in seiner _reizeit den Ball auf dem _eld.

4 Finde weitere Wörter mit **V/v** und schreibe sie auf.

Hier üben wir

1 Übe den Text: oder oder oder .

Meine Freundin

Meine Freundin heißt Anna.
Wir haben am gleichen Tag Geburtstag.
Wenn ich sie besuche, freuen wir uns immer.
In ihrem Zimmer steht ein großer Schrank
mit vielen tollen Spielsachen und Verkleidungen.
Manchmal schlafe ich bei Anna.
Dann essen wir Pizza mit Zwiebeln.

Anna und ich haben das gleiche Hobby.
Tischtennis macht uns beiden riesigen Spaß.

die Freundin
der Tag
die Pizza
die Zwiebel
sie heißt
ich schlafe
es macht
essen
gleich
uns
am
immer

2 Schreibe die Verben aus dem Text auf.
Unterstreiche jeweils den Wortstamm und die Endung
in verschiedenen Farben: heißt, …

3 Schreibe die Sätze ab und überarbeite sie.
Ersetze die Namen an passenden Stellen durch Pronomen.

Anna und ich sind gern zusammen.
Anna und ich haben meistens viel Spaß.
Manchmal streitet Anna sich mit ihrem Bruder Leo.
Ihr Bruder Leo ärgert Anna oft.

4 Finde Wörter mit V/v. Schreibe sie in die Tabelle.

V	v
Vogel	vier
…	…

5 Was hast du über Pronomen gelernt?
Was möchtest du noch üben?
Bis wann möchtest du das schaffen?
Schreibe in dein Lerntagebuch: L

Freizeit

DU ICH **1** Was hältst du von Computern?
Begründe deine Meinung deinem Partnerkind.

Ich finde Computer …, weil …

Mein Vater starrt immer nur diesen blöden Bildschirm an.

Meine Rechtschreibung überprüfe ich mit dem Rechtschreibprogramm.

Ich darf ins Internet, aber höchstens eine halbe Stunde am Tag.

Ich weiß nicht, was ich ohne Computer machen würde.

G **2** Sucht ihr Informationen lieber in Büchern oder im Internet?
Sprecht in eurer Gruppe darüber.
Begründet eure Meinung.

Einen Sachtext planen

1 Die Kinder wollen Sachtexte über Ausflugsziele in Bayern schreiben. Sie suchen nach Informationen über die Tiere. Lies den Text.

Max und Lilli möchten einen Sachtext über Wildparks schreiben. In der Bücherei lassen sie sich erklären, wo sie Sachbücher darüber finden können. Die Bibliothekarin nennt ihnen einige Signaturen und die Regalnummern. Max und Lilli finden interessante Sachbücher und lesen die Inhaltsverzeichnisse. Zwei Bücher enthalten ausführliche Kapitel über Wildparks und Wildgehege. Die Kinder schreiben sich wichtige Informationen auf einen Stichwortzettel.

Lara wählt für ihren Sachtext das Thema Barfußpark. Dazu möchte sie Informationen im Internet sammeln. Ein Computerplatz ist frei. Sie wählt eine Suchmaschine für Kinder aus, tippt das Stichwort ins Eingabefeld und klickt dann auf „Suche starten“. Sofort erscheinen viele Links zu Seiten über Barfußparks. Lara klickt nur die Links über bayerische Parks an. Von den interessantesten Seiten schreibt sie sich Informationen ab.

Ina, Victor, Daria und Lorenz tauschen sich darüber aus, welche Freizeitparks sie schon besucht haben und was ihnen dort am besten gefallen hat. Die Kinder hören einander aufmerksam zu und sie lassen sich ausreden. Alle vier machen sich Notizen für ihren Sachtext.

2 Kläre Begriffe, die du nicht kennst, im Wörterbuch oder im Internet.

3 Wähle ein Thema für einen Sachtext. Suche dazu Informationen im Internet oder in Büchern.

Katzen   Ritter   Dinosaurier   …

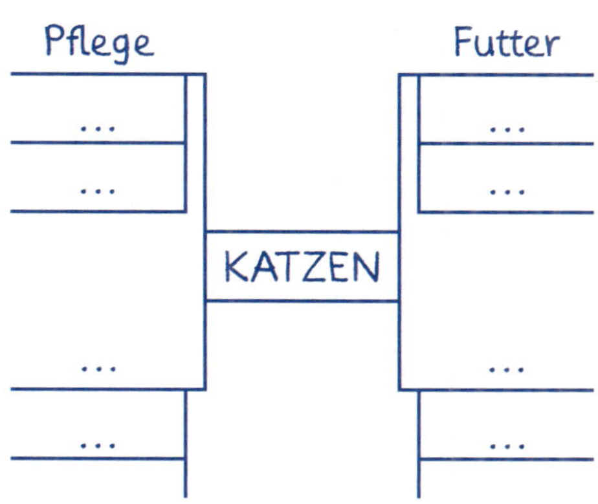

4 Ordne deine Informationen in einer Mind-Map oder auf einem Stichwortzettel.

G **5** Erkläre deiner Gruppe, wie du bei der Suche nach Informationen vorgegangen bist.

Satzglieder kennen lernen

1 Verlängere den Satz:
Leon und Vinzenz sammeln.
Leon und Vinzenz sammeln seit …

Leon und Vinzenz
sammeln
seit der Weltmeisterschaft
eifrig
Bilder von Fußballern

DU ICH **2** Stelle mit deinem Partnerkind die Satzglieder um.
Findet ihr mehrere Möglichkeiten?

Ein Satz besteht aus mehreren **Satzgliedern**.
Ein Satzglied kann ein Wort oder mehrere Wörter haben. Satzglieder kann man umstellen. So sprichst und schreibst du lebendiger:

Leon und Vinzenz | sammeln | eifrig | Fußballbilder.

Eifrig | sammeln | Leon und Vinzenz | Fußballbilder.

G **3** Bildet in eurer Gruppe Sätze.
Überlegt, wie ihr die Satzglieder anordnen und umstellen könnt.
Wo steht immer das Verb? Sprecht darüber: Ich beobachte, …

Eva | auf dem Flohmarkt | verkauft | alte Sachen

Bücher und Spielzeug | sie | auf eine Decke | legt

besonders gut | ihre Puppenwiege | den ersten Kunden | gefällt

Um lange Satzglieder zu erkennen, brauchst du die Ersatzprobe.
Ein einzelnes Wort ersetzt eine ganze Wortgruppe:
Eva und ich spielen. Wir spielen.

4 Ersetze die unterstrichenen Satzglieder durch ein einzelnes Wort.

dort | sie | wir | plötzlich

Heute gehen meine Mama und ich in ein Spielzeuggeschäft. In dem Spielzeuggeschäft gibt es viele schöne Spielsachen zu sehen. Die Spielsachen liegen in sehr hohen Regalen. In dieser Sekunde weiß ich, was ich mir zum Geburtstag wünsche: Papa soll Chef von einem Spielzeugladen werden!

Satzglieder umstellen

1 Schreibe den ersten Satz auf einen Papierstreifen.

Heute	gehen	Till und Hanno	ins Schwimmbad.
Wie immer	fahren	die Jungen	mit ihren Rädern.
Zuerst	suchen	sie	eine Umkleidekabine.
Dann	springen	die beiden Freunde	vom 3-Meter-Brett.
Anschließend	springt	Till	auch vom 5-Meter-Brett.
Um 18 Uhr	müssen	sie	zu Hause sein.

2 Zerschneide den Satz in seine Satzglieder. Lege und schreibe neue Sätze. Achte auf die Groß- und Kleinschreibung. Denke an die Satzzeichen:
Till und Hanno gehen …
Ins Schwimmbad gehen …

Heute	gehen	Till und Hanno	ins Schwimmbad.
Till und Hanno	gehen	Heute	ins Schwimmbad.

3 Schreibe alle übrigen Sätze aus Aufgabe 1 auf Papierstreifen und zerschneide sie. Markiere die Satzglieder in unterschiedlichen Farben. Stelle die Sätze mehrfach um.

4 Ordne die Satzglieder deiner Sätze zu Fragesätzen:
Gehen Till und Hanno …?

DU ICH **5** Wie ändert sich in den Fragesätzen die Stellung des Verbs? Sprich mit deinem Partnerkind darüber.

Wörter mit Doppelkonsonanten

Offene Silben enden mit einem Vokal, geschlossene Silben enden mit einem Konsonanten.

1 Setze die Silben auf den Bildschirmen richtig zusammen. Zeichne Silbenbögen. Was fällt dir auf?
Zimmer, Nase, ...

2 Lies die Wörter aus Aufgabe 1 laut. Wie wird der erste Vokal gesprochen: lang oder kurz? Berichte deinem Partnerkind.

> Hinter einem kurzen Vokal stehen immer zwei oder mehr Konsonanten: wer fen, der Mor gen. Hörst du nach dem kurzen Vokal nur einen Konsonanten, wird er verdoppelt: ken nen, die Son ne.
> Du trennst zweisilbige Wörter mit Doppelkonsonanten so: ken-nen, Son-ne.

3 Kennzeichne unter den Wörtern den kurzen Vokal vor den Doppelkonsonanten: Zimmer, ...

4 Schreibe den Text auf. Fülle die Lücken mit Wörtern von den Bildschirmen oben: Felix und Steffi treffen sich ...

Computer ist ein Merkwort.

Felix und Steffi ___ sich mit Katja. Sie ___ den kranken Tom zu Hause besuchen. Tom ist in seinem ___.
„Heute ___ durfte ich eine halbe Stunde an den Computer meines Vaters", erzählt Tom. „Darauf sind einige Programme für Kinder."
„Toll!", sagt Katja und setzt sich in einen Sessel. „Jetzt willst du wahrscheinlich ___ krank sein!" „Nein!", ruft Tom.
„Mit euch in den Pausen über den Schulhof zu ___, ist doch viel lustiger."

5 Finde im Wörterbuch weitere Wörter mit Doppelkonsonanten. Zeichne Silbenbögen und kennzeichne den kurzen Vokal.

Hier üben wir

1 Übe den Text: oder oder oder .

Nach der Schule

Sven läuft heute Mittag schneller als sonst nach Hause.
Er darf nämlich ins Internet! Zuerst möchte er etwas essen, dann läuft er in sein Zimmer. Er schaltet den Computer an. Der Bildschirm bleibt schwarz. „Schlimmer kann es nicht kommen!“, denkt Sven. Er schaut aus dem Fenster.
Draußen arbeiten Männer am Stromkabel.
Was macht Sven jetzt? Er hat eine Idee. Er wird zusammen mit Erkan schwimmen gehen!

Sven ruft Erkan an. Sein Freund ist sofort begeistert.
„Ich packe gleich meine Tasche!“, ruft er glücklich.
„Ich darf das Handtuch nicht vergessen.“

die Schule
das Zimmer
der Computer
die Männer
er läuft
er darf
kommen
arbeiten
packen
heute
schneller
schwarz
ins
in
sein

2 Finde im Text Wörter mit Doppelkonsonanten.
Zeichne Silbenbögen und markiere den kurzen Vokal oder Umlaut: Mit-tag, …

3 Lies die Sätze.
Stelle jeden Satz um und schreibe ihn auf.
Markiere dann die Satzglieder.

Manche | Zeitungen | gibt | es | auch | im Internet.

Dort | stehen | wichtige Nachrichten.

Paul | findet | nach einer Weile | eine Kinderzeitung.

Er | liest | darin | eine wahre Geschichte.

Eine Familie | verlor | im Wald | ihren Hund.

Der Hund | kam | drei Tage später | allein | nach Hause.

4 Brauchst du noch Hilfe bei der Arbeit mit Satzgliedern?
Oder hast du alles verstanden und kannst es erklären?
Schreibe in dein Lerntagebuch: L

Natur entdecken: Tiere

DU ICH **1** Welche Tiere haben sich im Wald versteckt? Berichte deinem Partnerkind und begründe.

ICH **2** Welches Waldtier ist hier gemeint? Löse die Rätsel.

Ich fresse am liebsten Vögel, Schnecken und Hasen. Mein Fell ist rotbraun. Ich habe einen buschigen Schwanz.	Mit meinem Schnabel klopfe ich laut. Ich finde Insekten in der Baumrinde und fresse sie.

WIR **3** Schreibt eigene Tierrätsel. Löst sie in der Klasse.

Texte zusammenfassen

1 Lies den Text. Wichtige Informationen sind blau markiert, unwichtige Informationen grün. Schreibe die wichtigen Informationen ab.

Der Hirschkäfer

Der Hirschkäfer ist der größte Käfer Europas. Er fliegt am Tag sehr viel umher. Wird der Hirschkäfer müde, so schläft er eine Weile. Der Hirschkäfer lebt überwiegend in Eichen- und Buchenwäldern.

In einer Zusammenfassung stehen die **wichtigen Informationen** aus einem längeren Text.

2 Lies den Text. Fasse die wichtigen Informationen zusammen: Schreibe über das Aussehen von Hirschkäfern.

Hirschkäfer sind rot, braun und schwarz gefärbt. Die Männchen haben einen großen Oberkiefer, der wie ein Geweih aussieht. Die Weibchen haben einen kleinen Kopf. In Märchen haben Hirschkäfer oft magische Kräfte: Sie sollen Blitze anlocken können. Der Hirschkäfer wird bis zu neun Zentimeter lang. Trotz seiner Größe kann er gut fliegen. Im Flug brummt der Hirschkäfer laut.

DU ICH **3** Lies den Text deinem Partnerkind vor. Dein Partnerkind notiert sich beim Zuhören wichtige Informationen aus dem Text.

„Uuuhu-huhuhuhu“ hört man aus der Dunkelheit eines Waldes. Das ist ein Waldkauz. Waldkäuze sind Eulen. Sie leben in Baumhöhlen in Wäldern und Parkanlagen. Ein Waldkauz hat einen großen runden Kopf und schwarze Augen. Diese Eulen werden 40 Zentimeter groß und wiegen bis 500 Gramm. Das ist so viel wie eine halbe Tüte Mehl. Waldkäuze sind nachtaktiv. Geräuschlos fliegen sie umher und jagen Mäuse. Sie fressen auch schlafende Vögel. Die Vögel sitzen beim Schlafen auf Ästen. Waldkäuze haben nur wenige Feinde.

DU ICH **4** Fasse das Gehörte mithilfe deiner Notizen zusammen. Dein Partnerkind hört sich deine Zusammenfassung an.

Wörtliche Rede

WIR **1** Lest mit verteilten Rollen, was Tom, Paula und ihr Vater sagen. Achtet auf die passende Betonung.

2 Schreibe die Szene auf. Setze die wörtliche Rede in Anführungszeichen:
Tom: „Seht mal, das ist doch …"

Was gesprochen wird, heißt **wörtliche Rede**. Sie steht in **Anführungszeichen**: „Seht mal, das ist doch ein Ohrwurm!"

S. 132 Sprache untersuchen

Redebegleitsätze

G **1** Lest in eurer Gruppe das Gespräch. Setzt in die Redebegleitsätze unterschiedliche Verben für **sagen** ein.
Habt ihr die passenden Verben gewählt? Diskutiert.

Tom : „Die Vögel bekommen bald wieder Junge!“
Sven und Lisa : „Wir könnten einen Nistkasten für Vögel bauen.“
Ali : „Soll ich Holzbretter und Nägel besorgen?“
Paul : „Mein Vater kann uns bei der Arbeit helfen.“

sagt
schlagen vor
fragt
ruft

Der **Redebegleitsatz** gibt an, wer spricht.
Danach steht ein Doppelpunkt:
Tom sagt**:** „Wir räumen das Klassenzimmer um.“
Redebegleitsatz Wörtliche Rede

2 Schreibe das Gespräch mit passenden Verben auf.
Markiere Doppelpunkt und Anführungszeichen:
Tom ruft: „ … “

3 Schreibe jeden Redebegleitsatz mit der passenden wörtlichen Rede: Matthias ruft: „Ich habe eine passende …“

Matthias ruft:
Simon fragt:
Sven, Lisa und Ali meinen:
Tom will wissen:
Marie und Paul sagen:

„Nein, sonst können die Katzen die Vögel fressen.“
„Ich habe eine passende Stelle für den Nistkasten gefunden!“
„In welche Richtung soll das Loch zeigen?“
„Hängen wir den Kasten tief, damit wir die Vögel sehen können?“
„Am besten soll es nach Osten deuten.“

G **4** Lest das Gespräch mit verteilten Rollen.
Gebt euch gegenseitig eine Rückmeldung: Habt ihr eure Sätze richtig betont?

Sprache untersuchen S. 132

Wörter mit ng und nk

DU ICH **1** Lies deinem Partnerkind die Texte vor. Sprich deutlich und langsam.
Dein Partnerkind errät, welches Tier zum Text passt.

Marienkäfer | Feuerkäfer | Grasfrosch | Maulwurf | Feldhase

Er verbringt die meiste Zeit seines Lebens unter der Erde. Mit seinen Krallen gräbt er lange Gänge. Sehen kann er nicht besonders gut.	Er ist sehr nützlich, denn er verschlingt große Mengen Blattläuse. Er ist an den schwarzen Punkten auf dem Rücken gut zu erkennen.	Er kann im Wasser und auf dem Land leben. Mit seinen kräftigen Hinterbeinen kann er weit springen. Er fängt seine Beute mit seiner klebrigen Zunge.

2 Finde in den Texten alle Wörter mit **ng** und **nk**: verbringt, …

G **3** Lest die Wörter laut. Wie klingen die ng-Laute und die nk-Laute?
Was ist beim Schreiben der Laute schwierig? Besprecht es in der Gruppe.

4 Finde zu jedem Verb die passende Grundform.
Markiere **ng** und **nk**: singt – singen, …

Der Vogel singt. | Das Stinktier stinkt.

Die Natter schlingt. | Das Glühwürmchen blinkt.

5 Schreibe den Text mit den passenden Adjektiven.
Manchmal musst du das Adjektiv verlängern: Nach der …

eng | flink | jung | lang | hungrig

Nach der Schule beobachten Marie und Tim die Vögel im Garten.
Im ___ Nest füttert die Vogelmama die Kinder.
Im Schnabel baumelt ein ___ Wurm.
___ sperren die ___ Vögel die Schnäbel auf.
Der ___ Vogelpapa sorgt für neues Futter.

S. 94 Richtig schreiben

Hier üben wir

1 Übe den Text: oder oder oder .

Besuch von Herrn Kempf

Herr Kempf trifft sich mit uns auf der Wiese.
Wir wollen etwas über die Pflanzen und Tiere wissen.
Auf einer Wiese wachsen viele Blumen und Gräser.
Sie wird von zahlreichen kleinen Tieren bewohnt.
Je weniger eine Wiese von Menschen bearbeitet wird,
desto mehr Tiere können darauf leben.

So legen Schmetterlinge ihre Eier auf Pflanzen.
Die Raupen fressen die Blätter und verpuppen sich.
Aus der Puppe schlüpfen Schmetterlinge.

die Wiese
das Tier
die Gräser
der Mensch
die Eier
wir wollen
sie legen
klein
wenig
etwas
von
ihre

2 Schreibe den Text ab.
Unterstreiche die Redebegleitsätze.
Ergänze bei der wörtlichen Rede die Anführungszeichen.

Die Kinder schauen sich die Wiese genau an.
Max ruft: Schaut mal, das Loch dort ist sicher von einer Wühlmaus!
Lena läuft zu ihm. Sie antwortet: Das glaube ich auch.
Solche Löcher haben wir auch im Garten.
Herr Kempf ruft die Kinder zusammen.
Er sagt: Die Wühlmäuse leben in Gängen unter der Erde.
Im Klassenzimmer zeichnen wir später eine Skizze von den Gängen.

3 **ng** oder **nk**? Ergänze die fehlenden Konsonanten.
Ordne die Wörter nach Nomen und Verben: Nomen: … Verben: …

Ga… si…en Ba… spri…en tri…en

4 Welche Informationen über Waldtiere haben dich besonders interessiert?
Worüber würdest du gern noch mehr erfahren? Wo willst du dich informieren?
Schreibe in dein Lerntagebuch: L

2. Jo-Jo-Test

Aussagesätze und Fragesätze, Ausrufe und Aufforderungssätze

1 Lies die Sätze aufmerksam.
Ergänze Punkt, Fragezeichen oder Ausrufezeichen.

„Sollen wir im Wald Kastanien sammeln ___ “
„Nein, ich habe keine Lust dazu ___ “
„Komm doch bitte mit ___ “
„Wenn es dunkel wird, gehe ich aber wieder nach Hause ___ “
„Einverstanden ___ “
„Ach du Schreck ___ Jetzt habe ich noch meine Hausschuhe an ___ “

Wörter mit Dehnungs-h

2 Schreibe zu den Bildern Nomen mit Dehnungs-**h** auf.

Wörter mit V/v

3 **V/v** oder **F/f**? Trage die richtigen Buchstaben ein.
Überprüfe mit dem Wörterbuch.

Wenn Dilaras Hund besonders bra___ war, bekommt er ein Leckerchen.
Florian trägt einen grünen Pullo___er.
Tim ___erkleidet sich zu Karne___al als ___ampir.
Papa schenkt Mama ___reitags immer Blumen. Mama stellt sie in die ___ase.
Im Zoo gehen ___iele Kinder zu den Pa___ianen.
Meine ___amilie ___ersammelt sich zum Abendessen am Tisch.
Obst ist sehr gesund. Es enthält ___iele ___itamine.

Satzglieder

4 Schreibe jeden Satz ab. Stelle ihn danach einmal um.
Markiere die Satzglieder.

Auf der Wiese steht ein Storch.
Durch den Garten laufen drei Hasen.
Die kleinen Ameisen arbeiten fleißig.
Hoch in der Luft fliegen viele Vögel.

Redebegleitsätze

5 Schreibe das Gespräch mit passenden Redebegleitsätzen auf.
Achte auf Doppelpunkte und Anführungszeichen.

Hier ist Josef Aue.

Hallo Josef, hier ist Lisa.

Hallo Lisa.

Hast du Lust, mit uns um 4 Uhr am Rodelberg Schlitten zu fahren?

Ich sitze leider noch an den Hausaufgaben.

Ach, komm doch mit. Es ist so toller Schnee.

Na gut, ich beeile mich. Bis dann!

Super! Servus, Josef.

antwortet sagt verspricht
bittet fragt meldet sich
begrüßt verabschiedet sich

Wörter mit ng und nk

6 Finde zu jedem Verb die passende Grundform.
Markiere **ng** und **nk**.

Tim fängt den Ball.
Emma springt Trampolin.
Der Postbote klingelt.
Lina denkt nach.
Hannes lenkt das Fahrrad.
Die Fledermaus hängt von der Decke.

Frühling

DU ICH **1** Kennst du die Blumen auf dem Bild? Wie heißen sie?
Berichte deinem Partnerkind.

ICH **2** Stelle aus den abgebildeten Blumen einen Blumenstrauß zusammen.
Zeichne.

DU ICH **3** Beschreibe deinen Blumenstrauß einem Partnerkind.
Das Partnerkind soll ihn zeichnen.

Primel Osterglocke Tulpe Krokus

Blaustern Traubenhyazinthe

Gänseblümchen Schneeglöckchen

Mein Blumenstrauß besteht aus drei roten Tulpen …

Steckbriefe schreiben

1 Lies den Text über den Regenwurm.

Heute gibt es in Deutschland etwa 40 verschiedene Regenwurmarten. Regenwürmer werden bis zu 30 Zentimeter lang und haben eine rotbraune Farbe. Sie ernähren sich von Laub, dessen Reste sie als Kot ausscheiden. Dieser Kot ist nichts anderes als Erde.

Regenwürmer sind sehr nützliche Tiere. Sie graben sich durch die feste Erde und lockern sie auf. Ohne Regenwürmer wäre die Erde hart.

Sonne und Licht können Regenwürmer nicht vertragen. Sie verlassen die Erde nur nachts und an Regentagen. Auch Wasser ist für Regenwürmer gefährlich: Sie atmen durch die Haut und ersticken unter Wasser.

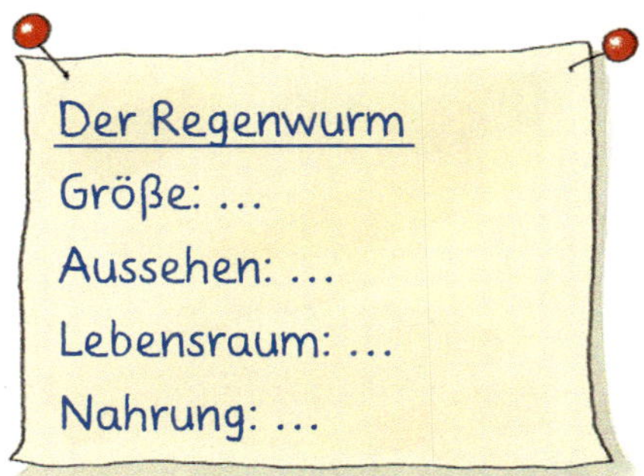

2 Notiere wichtige Stichworte zum Regenwurm:
40 verschiedene Arten, bis zu
30 Zentimeter lang, …

3 Gestalte mit Hilfe deiner Stichworte einen Steckbrief für den Regenwurm: Größe, Aussehen, Lebensraum, Nahrung, Besonderheiten.

DU ICH **4** Besprich deinen Steckbrief mit deinem Partnerkind. Stimmen Reihenfolge und Begriffe? Findet ihr Fehler? Was findet ihr besonders gelungen?

5 Schreibe einen Steckbrief über ein anderes Tier, das du im Frühling beobachten kannst.

Schreiben S. 142

Prädikat und Subjekt

1 Finde in den Gängen Sätze und schreibe sie auf:
Tatjana holt …

„Was tut … ?“ findet das **Prädikat**. Das Prädikat ist der Satzkern, das wichtigste Satzglied. Es verlangt weitere Satzglieder, zum Beispiel das Subjekt.
„Wer oder was … ?“ findet das **Subjekt**: Tatjana holt Erde.
Prädikat und Subjekt sind **Satzglieder**.

2 Schreibe die Sätze mit passenden Prädikaten auf.
Unterstreiche das **Prädikat** rot.
Unterstreiche das **Subjekt** blau: Till sticht den …

Till sticht den Spaten in den feuchten Boden.

Ein paar Regenwürmer ___ ans Tageslicht. Bald ___ sie wieder in der Erde.

Till ___ eine Stunde im Garten. Danach ___ er erschöpft ins Haus.

DU ICH **3** Vergleiche die beiden Sätze.
Welches Prädikat verlangt noch ein weiteres Satzglied außer dem Subjekt?
Sprich mit deinem Partnerkind darüber.

Erkan nimmt. Maria lacht.

Merkwörter mit doppeltem Vokal (M)

DU ICH **1** Lies den Text mit deinem Partnerkind. Ersetzt dabei die Bilder durch passende Nomen. Helft euch gegenseitig.

Maurers haben einen kleinen Garten am Starnberger .
Im Frühjahr, wenn der 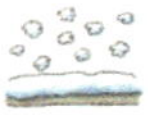 getaut ist
und die ersten Blumen blühen,
fahren sie am Wochenende oft hierher.
Herr Maurer richtet das kleine 
für den Sommer her.
Frau Maurer bereitet das .
für die  vor.
Die Kinder holen  aus dem Wald
und basteln hübsche Osternester.
Die ersten Osterglocken
stellt Frau Maurer in die Blumenvase.

2 Schreibe den Text ab. Setze Nomen mit **ee** oder **oo** ein:
Maurers haben einen kleinen Garten am See. …

3 Bilde zusammengesetzte Nomen und schreibe sie auf:
das Rosenbeet, …

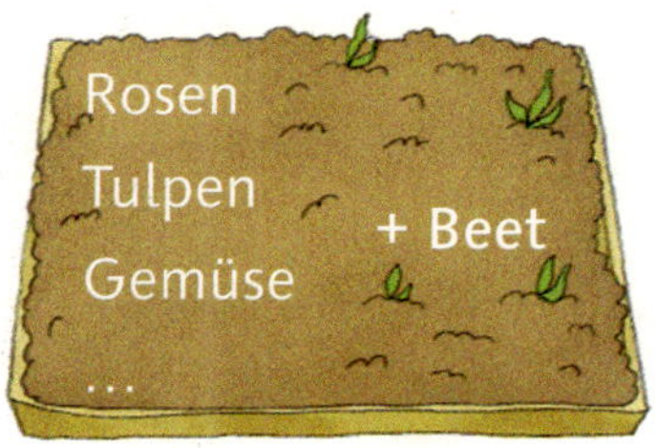

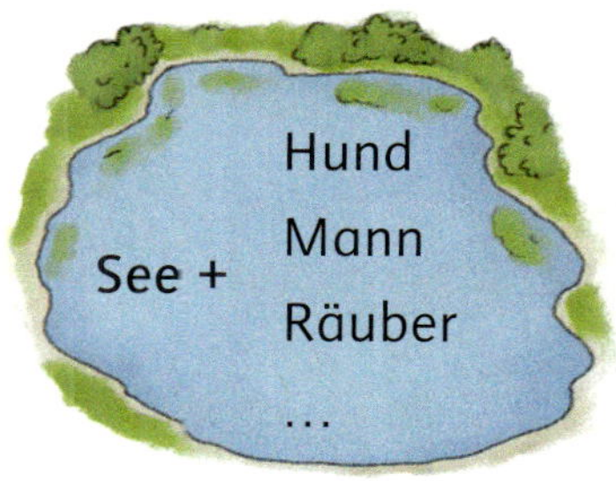

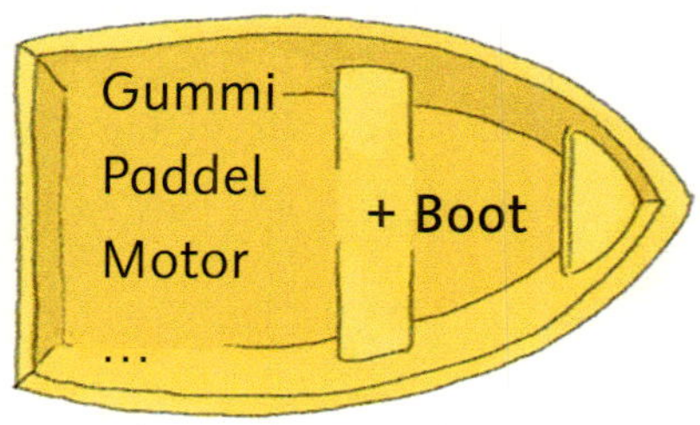

4 Bilde Nomen mit doppelten Vokalen: *die Fee, …*

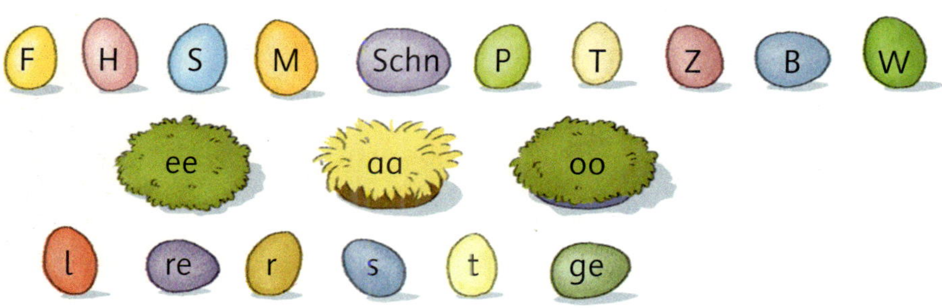

Ableiten: Wörter mit ä und äu

1 Lies den Text. Wer ist Lissy?

Jetzt im Frühling wird es von Tag zu Tag wärmer.
Lisa und Niklas holen ihre Räder aus dem Schuppen.
Mama räumt die Schränke auf und trägt die dicken Mäntel in den Keller. Papa säubert mit Mia die Gartengeräte.
Morgen soll der Gärtner kommen und dürre Äste, verwelkte Blätter und alte Sträucher entfernen.
Der Nachbar schneidet pfeifend seine Bäume.
Lissy streift neugierig durch die Gräser am Zaun.
Ob sie die Mäuse wittert, die dort ihr Versteck haben?

> Du schreibst **ä**, wenn du ein verwandtes Wort mit **a** findest:
> die R**ä**der – das R**a**d.
> Du schreibst **äu**, wenn du ein verwandtes Wort mit **au** findest:
> die Tr**äu**me – der Tr**au**m.

2 Finde zu jedem Wort mit **a** und **au** das verwandte Wort mit **ä** und **äu** im Text: Rad – Räder, ...

Rad   Schrank   tragen   Mantel   Garten   Blatt   warm

Ast   Gras   Raum   sauber   Strauch   Baum   Maus

3 Schreibe die Sätze mit der passenden Personalform: Opa schläft ...

schlafen • laufen • lassen • tragen • fallen

Opa ___ zufrieden auf der Bank.
Lissy ___ über den Rasen.
Mama ___ Wasser in das Becken laufen.
Papa ___ den Kuchen nach draußen
und ___ über den Gartenschlauch.

4 Finde die Nomen, die du von den Adjektiven ableiten kannst. Schreibe die Wortpaare:
hart – die Härte, ...

hart   nah   scharf   stark

S. 102 Richtig schreiben

Hier üben wir

der Frühling
die Erde
die Pflanze
der Garten
die Blüten
das Jahr
spielen
viel
lang
wieder
wie
jedes

1 Übe den Text:  oder  oder  oder  .

Im Frühling

Im Frühling wärmt die Sonne die Erde.
Sie weckt Tiere und Pflanzen aus der Winterruhe.
Till ist froh, dass er wieder im Garten spielen kann.
Hier gibt es viel zu sehen. Die ersten Blumen
öffnen ihre Blüten. Auf dem feuchten Boden
kriechen ein paar lange Regenwürmer.
Der Nachbar gräbt wie jedes Jahr seine Beete um.

„Ich fahre mit dem Fahrrad spazieren",
denkt Till. „Mal sehen, was es noch
zu entdecken gibt."

2 Ordne den Prädikaten passende Subjekte zu:
Die Sonne wärmt. Die …

Die Sonne	kriechen	wachsen	Die Erdbeertorte
Die ersten Blumen	wärmt	gräbt	Till
Ein paar Regenwürmer	blühen	schmeckt	Die Pflanzen

3 Schreibe die Sätze ab.
Ergänze passende Personalformen der Verben.

graben • laufen • fahren • schlafen

Jasmin ___ im Beet.
Die Katze ___ unter der Bank.
Till ___ mit seinem Fahrrad.
Mama ___ durch den Stadtpark.

4 Mit welchen Fragen findest du das Prädikat und das Subjekt im Satz? Schreibe in dein Lerntagebuch: 

Wie wir leben

1 Welches Kind kommt aus welchem Land?

Frankreich | Türkei | Italien | Großbritannien | Griechenland

2 Was gehört zu welchem Land?

Eiffelturm | Pizza | Börek | Queen | Sirtaki

3 Welche Länder kennst du noch? Berichte.

4 Was gehört zu Deutschland?
Diskutiert mit Hilfe der Arbeitstechnik auf Seite 85.

Da bin ich anderer Meinung: …

Zu Deutschland gehört …, weil …

Erzählende Texte sinnvoll aufbauen 2

1 Lies den Text und überlege dir eine sinnvolle Reihenfolge.
Womit beginnt er? Wie geht er aus? Was passiert dazwischen?

„Du sprichst ja Italienisch!", staunt der Mann. „Ja, mein Papa kommt aus Italien", erzählt Sarah. „Wie ich", erklärt der Mann lachend. Er überreicht den beiden ihr Eis und sagt: „Buon appetito!"

Nach langer Fahrt sagt Tante Leni: „Wir haben uns eine Pause verdient. Lass uns Eis essen gehen!" „Oh, ja!", ruft Sarah. Tante Leni hält auf einem Parkplatz und die beiden steigen aus.

Es ist noch früh am Morgen. Tante Leni holt Sarah mit dem Auto ab. Denn Sarah verreist heute mit ihrer Patentante. Als ihr blauer Koffer gut verstaut ist, umarmt Sarah ihre Mama und ruft: „Ciao! Ciao! Wir müssen abfahren. Bis bald!"

Als die beiden im Eiscafé ankommen, verziert ein Mann einen Eisbecher. „Ich möchte das Himbeereis versuchen", sagt Sarah. „Wenn du mir deinen Namen verrätst, Signorina", antwortet er. „Mi chiamo Sarah."

DU ICH **2** Lies deinem Partnerkind die Geschichte in deiner gewählten Reihenfolge vor.
Dein Partnerkind hört genau zu: Ist die Reihenfolge sinnvoll? Begründet.

ICH **3** Wähle ein Stichwort aus und schreibe dazu eine Geschichte.
Überlege dir auch eine passende Überschrift.

Fremdsprache | Heimat | Muttersprache | Dialekt | Bayern

G **4** Lies nur deine Überschrift in der Gruppe vor.
Frage deine Gruppe: Worum geht es in meiner Geschichte?

G **5** Lies nun deine Geschichte vor. Frage deine Gruppe:
Wie hat euch meine Geschichte gefallen?
Habt ihr alles verstanden?
Was kann ich verbessern?

Ich vermute, es geht um …, weil …

Ich verstehe nicht, warum …

G **6** Wie schreibt man eine gute Geschichte?
Was könnte den Text noch spannender machen?
Erstellt ein Plakat mit euren Tipps.

Mir hat gefallen, dass …

Schreiben S. 148

Zusammengesetzte Nomen

DU ICH **1** Lies den Text. Sprich mit deinem Partnerkind darüber.
Was meint Leon mit „Pech gehabt“?

Leon sitzt im Schlafanzug auf der Fensterbank und beobachtet, wie ein Umzugswagen an das Nachbarhaus heranfährt. „Ein ausländisches Nummernschild“, denkt er. „Wer da wohl einzieht?“ Männer tragen einen Kühlschrank, eine Spülmaschine, einen Küchentisch und Umzugskisten ins Haus. Ob die neuen Nachbarn auch Kinder haben? Ein Fahrrad und eine Tischtennisplatte stehen schon am Gartenzaun. Als Nächstes kommen Sessel und Lautsprecher. Langsam wird Leon ungeduldig. Da sieht er den Kinderwagen. „Pech gehabt“, sagt Leon.

Mit zusammengesetzten Nomen kannst du Dinge genauer beschreiben:
Nomen + Nomen: das Haus + die Tür = die Haustür
Verb + Nomen: hüpfen + die Burg = die Hüpfburg
Adjektiv + Nomen: weit + der Sprung = der Weitsprung
Zwischen zusammengesetzten Nomen stehen manchmal die Buchstaben **s** oder **n**: der Umzug**s**wagen, das Nummer**n**schild.

2 Prüfe die zusammengesetzten Nomen im Text. Schreibe sie geordnet auf:
Verb + Nomen: der Schlafanzug = schlafen + der Anzug, …
Nomen + Nomen: die Fensterbank = das Fenster + die Bank, …
Adjektiv + Nomen: der Kühlschrank = kühl + der Schrank, …

DU ICH **3** Achtet bei den zusammengesetzten Nomen aus Nomen + Nomen auf den Artikel. Was fällt euch auf?

4 Bilde zusammengesetzte Nomen aus **Verb + Nomen** oder **Adjektiv + Nomen**:
trinken + die Flasche = die Trinkflasche, …
schnell + der Zug = der Schnellzug, …

trinken	Flasche	schnell	Zug	hoch	Sprung	hören
Gerät	bunt	Stift	lernen	Gruppe	rollen	Stuhl

S. 118 Sprache untersuchen

Verben mit Vorsilben

1 Lies den Text. Schreibe alle Verben
mit der Vorsilbe **ver-** heraus: versammelt, …

Die Klasse 3a versammelt sich im Sitzkreis.
Die Lehrerin erwartet, dass alle Kinder aufpassen.
Dann erzählt jedes Kind etwas über das Land,
aus dem seine Familie kommt.
Die Mitschüler versuchen zu erraten, wie das Land heißt.
Amine berichtet über die Türkei.
Sie verbringt dort bei ihren Großeltern immer die Sommerferien.
Sie beschreibt auch das leckere türkische Essen.
Lisa erzählt von Deutschland.
Sie beschreibt die Berge und das Meer.
Nikolai hat in den Ferien seine Tante in Russland besucht.
Sie haben bei einer Rundfahrt viel erlebt.
Am liebsten wollen alle Kinder in ein fremdes Land verreisen.

2 Finde im Text die Verben mit den Vorsilben **er-**, **be-** und **auf-**.
Zeichne einen Strich zwischen Verb und Vorsilbe: er|wartet, …

> Vor Verben können Vorsilben stehen. Mit Vorsilben veränderst du die Bedeutung eines Wortes:
> schreiben – **auf**schreiben, **um**schreiben, **ab**schreiben, **be**schreiben.

3 Schreibe die Sätze und ergänze bei den Verben passende Vorsilben:
Amine …

be • unter • ver • auf

Amine will sich das Rezept für Baklava ___ schreiben.
Sie möchte sich dabei nicht ___ schreiben.
Nikolai will der Klasse das Land ganz genau ___ schreiben.
Die Sängerin Anabela soll auf einem Poster ___ schreiben.

4 Schreibe eigene Sätze, die Verben mit Vorsilben enthalten.
Du kannst Verben mit Vorsilben in der Wörterliste oder im Wörterbuch finden.

Wörter aus anderen Sprachen

WIR **1** Welche Wörter aus fremden Sprachen kennt ihr schon? Sprecht darüber.

ICH **2** Finde die Bedeutung der Wörter.
ein T-Shirt ist ein Oberteil mit kurzen Ärmeln, ...

englisch:
T-Shirt, Poster, Popcorn, Pink, Kids, Mountainbike

französisch:
bon, Souvenir, Baguette

italienisch:
Spaghetti, Violine, Pizza, prima

türkisch:
Joghurt, Kebab

finnisch:
Sauna

DU ICH **3** Vergleiche und überarbeite deine Lösungen mit deinem Partnerkind.

G **4** Lest eure Erklärungen in eurer Gruppe vor.
Wer errät den passenden Begriff?

WIR **5** Sammelt weitere Wörter aus anderen Sprachen: im Supermarkt, in Werbeprospekten … Sammelt die Wörter auf einem Plakat.

S. 108 Richtig schreiben

Hier üben wir

1 Übe den Text: oder oder oder .

Das Fremdwörterlexikon

Michael zeigt zu Hause sein Lexikon.
Papa staunt, wie viele Wörter er gesammelt hat.
„Komm, wir machen ein Spiel", sagt Michael.
„Schließe die Augen und tippe auf ein Wort.
Ich nenne dir das Wort und du erklärst es.
Du kannst eine Minute nachdenken."
Nach dem Spiel sagt Michaels Vater:
„Manche Wörter sind schwer zu erklären.
Ich habe nicht gedacht, dass Poster ein Fremdwort ist.
So ein Lexikon ist eine tolle Sache. Das merke ich mir."

„Okay, Dad, was machen wir jetzt?", fragt Michael.
„Lass uns eine Runde Inliner fahren."

die Augen
das Wort
der Vater
die Sache
er zeigt
er sagt
merken
lassen
fremd
nicht
mir

2 Trenne die zusammengesetzten Nomen: der Apfel + der Saft, …

der Apfelsaft — das Tierlexikon — das Spiegelei — der Radweg

das Baumhaus — die Bergwelt — das Dorffest — die Wagentür

3 Setze das Verb **schließen** mit den Vorsilben zusammen.
Achtung: Nicht jede Vorsilbe passt: verschließen, …

ver — vor — an — be — aus — ent — auf — zer

schließen

4 Schreibe mit den Verben aus Aufgabe 3 Sätze:
Die Flasche muss ich gut verschließen, sonst läuft sie aus.
…

5 Aus welchen Wortarten kannst du zusammengesetzte Nomen bilden?
Schreibe in dein Lerntagebuch: L

Zeiten und Räume

1

2

3

4

5

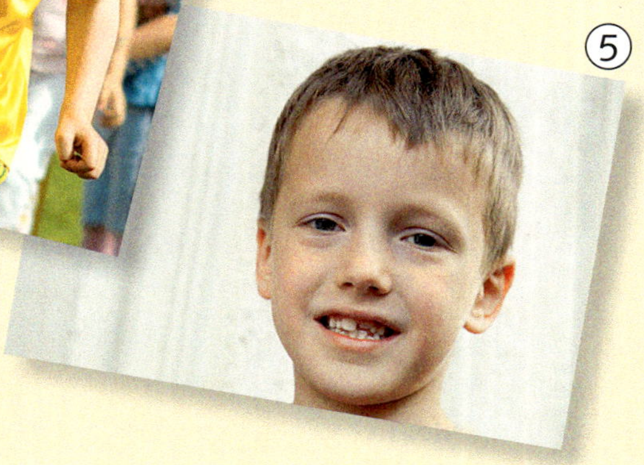

ICH **1** Wie alt ist der Junge auf den Bildern wohl?
Schreibe auf: 1. Bild …

DU ICH **2** Was hat der Junge auf den Bildern wohl erlebt?
Berichte deinem Partnerkind darüber.

G **3** Was war für den Jungen wohl ein ganz besonderes Erlebnis?
Tauscht euch in eurer Gruppe darüber aus.

4 Bringe Fotos von dir mit und erzähle dazu.
Oder: Male Bilder von Ereignissen aus deinem Leben.

Als ich drei Jahre alt war, …

Texte überarbeiten

ICH **1** Lara hat einen Text über sich geschrieben und überarbeitet.
Lies, was sie geschrieben hat.

heiße Jahre wohne in
Ich bin Lara und bin neun Jare alt. Ich bin aus Passau.

Dort gehe ich dritte muss
Ich gehe dort in die drite Klasse. Ich gehe oft zum Arzt.

Denn ich gut Darum habe ich rotes
Ich kann nicht hören. Ich habe mein Hörgerät.

Es besser Ich reite gerne
Das Hörgerät hilft mir zu hören. Ich gehe reiten und

spiele Am liebsten stehe ich im Tor.
ich gehe zum Fußball. Ich gehe am liebsten ins Tor.

Lara

G **2** Besprecht den Text in der Gruppe. Was hat Lara verändert? Warum?

Texte werden interessanter, wenn du **treffende Verben und Adjektive** und **unterschiedliche Satzanfänge** verwendest und Nomen durch **passende Pronomen** ersetzt.

ICH **3** Schreibe einen Text über dich.

G **4** Überprüft eure Texte in der Gruppe. Teilt euch die Aufgaben auf:

- Korrigiert Fehler: Überprüft die Wörter mit dem Wörterbuch.
- Vermeidet Wiederholungen:
  - Verwendet unterschiedliche Satzanfänge oder stellt die Sätze um.
  - Ersetzt Nomen durch passende Pronomen.
- Schreibt treffender: Fügt treffende Verben und Adjektive ein.

ICH **5** Überarbeite deinen Text mithilfe der Tipps aus deiner Gruppe.

Schreiben S. 154

Gegenwart und Vergangenheit

1 Lies den Text aus einem Spielebuch.

Früher spielten die Kinder fast jeden Tag Hüpfkästchen.
Zuerst malte ein Kind mit Kreide das Hüpffeld auf.
Dann suchte sich jeder Spieler einen kleinen Stein.
Der erste warf den Stein ins erste Feld und sprang darüber.
Danach hüpfte er durch alle Felder.
Dabei versuchte er, nicht auf die Striche zu treten.
Als Nächstes warf der Spieler den Stein ins zweite Feld,
sprang ins erste und dann über den Stein ins dritte Feld.
Und so weiter. Wenn ein Kind die Linie berührte,
kam das nächste an die Reihe. Das Kind,
das zuerst alle Felder schaffte, gewann.

2 Finde im Text alle Verben, die beschreiben, was **früher** geschah.
Schreibe sie mit **ich** in eine Tabelle:

früher	
ich spielte ich …	

3 Ergänze die Verbformen, die sagen, was **heute** geschieht.
Bei welchen Verben ändert sich der Vokal?
Sprich mit deinem Partnerkind darüber.

früher	heute
ich spielte …	ich spiele …

> Verben zeigen an, von welcher Zeit erzählt wird:
> von der **Gegenwart** (heute) oder der **Vergangenheit** (früher).
> Gegenwart: Wir spielen.
> Vergangenheit: Wir spielten. Wir haben gespielt.

4 Schreibe auf, wie man Hüpfkästchen heute spielt.
Benutze die Verben in der Gegenwart:
Hüpfkästchen geht so: Zuerst malt ein Kind mit Kreide
das Hüpffeld auf. Dann sucht sich jeder Spieler einen …

S. 116 Sprache untersuchen

1. Vergangenheit und 2. Vergangenheit

1 Lies, was Frau Müller erzählt.

Früher haben wir manchmal Daumenzupfen gespielt. Dabei haben vier Kinder vor der Klasse gestanden. Die anderen haben ihre Köpfe auf die Arme gelegt und die Augen geschlossen. Ein Daumen von jedem Kind hat nach oben gezeigt. Die vier Kinder sind um die anderen herumgeschlichen. Sie haben einige am Daumen gezupft. Nach einem Ruf sind die gezupften Kinder aufgestanden. Jedes hat geraten, wer der Zupfer gewesen ist. Wer recht gehabt hat, ist in der nächsten Runde der Zupfer gewesen.

2 Lies nun den Tagebucheintrag.

3 Vergleiche die Verbformen in Frau Müllers Erzählung und in dem Tagebuch. Was fällt dir auf?

4 Schreibe den Tagebucheintrag zu Ende.
Die Verbformen in der 1. Vergangenheit helfen dir.

zeigte | schlichen | zupften | standen auf | riet | war | hatte | war

> Wenn du über die Vergangenheit **schreibst**, benutzt du die 1. Vergangenheit: Manchmal spielten wir Daumenzupfen.
> Wenn du über die Vergangenheit **sprichst**, benutzt du die 2. Vergangenheit: Manchmal haben wir Daumenzupfen gespielt.

5 Findet zu den Verben, die ihr genannt bekommt, die 1. und die 2. Vergangenheit.

Merkwörter mit langem i-Laut (M)

1 Verkehrte Welt! Schreibe die Sätze ab.
Markiere alle Wörter mit langem i-Laut:
Frau Igel, …

Frau Igel geht jeden Tag ins Kino.
Lisa hört nachts oft Musik, statt zu schlafen.
Der Tiger frisst so gern zehn Kilo Erdnüsse!
Professor Oberschlau erfindet Pralinen mit Vitaminen.
Eine große Maschine stellt grüne Mandarinen her.
Der Motor läuft ganz ohne Benzin.
Suse sucht eine Fibel im Kamin.

Wörter mit langem i-Laut schreibst du meist mit **ie**:
die Zwiebel, tiefer. Das **ie** steht am Ende der offenen ersten Silbe.
Manche Merkwörter mit langem i-Laut werden aber nur
mit **i** oder **ih** geschrieben: der Tiger, **ih**r.

2 Schreibe den Text ab. Markiere in allen Pronomen **ih**.

Am Sonntag besuchte Frau Moser mit ihrer Tochter Lea ein Schulmuseum. Am Eingang wurde ihr Ticket abgestempelt. Das Klassenzimmer hier war ganz anders als in ihrer Schule. Ein Aufseher erklärte ihnen die Schulregeln von früher. Lea durfte ihren Namen mit dem Griffel auf eine Schiefertafel schreiben.

3 Schreibe den Text ab. Ersetze Leas Vater
durch ein passendes Pronomen: Danach hatten …

ihn   ihm   ihm

Danach hatten sie sich noch mit Leas Vater verabredet.
Schon von Weitem sahen sie Leas Vater an der Bushaltestelle.
Sie winkten Leas Vater zu. Bei einem Eis berichteten sie
Leas Vater alles von dem Museumsbesuch.

Hier üben wir

1 Übe den Text:  oder  oder  oder  .

Zeit vergeht

Die Kinder schreiben Texte über ihr Leben. Dazu haben sie Fotos mitgebracht oder Bilder gemalt. Es gibt viele unterschiedliche Bilder. Von Babys, vom ersten Milchzahn, von Geburtstagen, von Sportfesten, vom Urlaub und vom ersten Schultag. Die Kinder erzählen zu den Bildern aus ihrem Leben: Da bin ich gerade geboren. Hier bin ich drei Jahre alt geworden. Als ich vier war, haben wir im Zoo die Tiger besucht. Das sind meine Kindergartenfreunde.

Mit fünf konnte ich schwimmen und tauchen. Mit sechs bin ich in die Schule gekommen.

der Text
die Bilder
das Baby
der Zahn
der Tiger
bin geworden
ich bin
schreiben
erzählen
schwimmen
ihr
gerade
hier
alt
vier
sechs

2 Ordne die Verbformen in die Tabelle ein.

Gegenwart	1. Vergangenheit	2. Vergangenheit
sie schreiben	…	…

sie schreiben   ich habe erzählt   sie haben geschrieben

wir besuchen   sie schrieben   wir haben besucht

ich erzähle   ich erzählte   wir besuchten

3 Entziffere und schreibe die Wörter.

Tiger   Mandarine   Igel

Kaninchen   Maschine   Familie

4 Wann verwendest du die 1. Vergangenheit, wann die 2. Vergangenheit?
Welche kannst du leichter bilden?
Schreibe in dein Lerntagebuch: [L]

Sommer

ICH **1** Zu welchem Bild möchtest du etwas erzählen?
Wähle aus und mache dir Notizen.

rutschen	Freibad	heiß	spielen	wachsen	Blumen	
bunt	trocken	durstig	Brunnen	schöpfen	Wüste	
Gefäß	tauchen	Fische	kalt	Wrack	tief	…

DU ICH **2** Erzähle deinem Partnerkind zu dem Bild.

G **3** Haben Kinder aus eurer Gruppe andere Bilder gewählt?
Tauscht euch darüber aus und erzählt.

4 Malt oder schneidet in der Klasse aus Zeitschriften Bilder aus, mit denen ihr eine Sommercollage gestalten könnt. Erzählt dazu.

Erzählende Texte planen und schreiben

1 Sieh dir das Bild an und lies die Stichwörter.
Schreibe eine Geschichte mithilfe der Stichwörter.

DU ICH **2** Lies deine Geschichte deinem Partnerkind vor.

3 Überlege, was dir bei deinem letzten Schwimmbadbesuch Spannendes passiert ist. Erstelle eine Stichwortsammlung zum Thema **Schwimmbad**.

4 Schreibe, was im Schwimmbad passiert.
Verwende die Wörter aus deiner Stichwortsammlung.
Überarbeite deinen Text mit einem Wörterbuch.

WIR **5** Stellt eure Geschichte in der Klasse vor.
Vergleicht eure Geschichten.

Vorlieben aufschreiben und begründen

1 Was magst du am Sommer? Was nicht?
Ich mag schönes Wetter, weil …
Ich mag Mückenstiche nicht, weil …

- Regentage
- lange Sommerferien
- schönes Wetter
- Angst vor Gewitter
- Mückenstiche
- ins Schwimmbad gehen
- im Garten grillen
- keine Hausaufgaben
- die Hitze
- Sonnenbrand
- Eis essen
- …

DU ICH **2** Wähle eine Sportart. Schreibe, was du daran magst oder was dir daran nicht gefällt. Begründe deine Meinung deinem Partnerkind.

Du kannst auch eine andere Sportart wählen.

G **3** Gestaltet in eurer Gruppe ein Plakat zu euren Lieblingssportarten. Stellt es in der Klasse vor. Gebt euch in freundlichem Ton Rückmeldungen zu den Plakaten.

Wortfamilien

1 Schreibe den Text ab:
Die Kirchweih ...

Die Kirchweih in Altötting
findet jährlich im Sommer statt.

Melissa freut sich schon seit Jahresbeginn
darauf und hat sich das Datum wie im Vorjahr
im Jahreskalender dick angestrichen.

Überhaupt findet sie, dass der Sommer
die schönste Jahreszeit ist, denn am 18. Juli
wird sie neun Jahre alt.

2 Unterstreiche in deinem Text alle Wörter,
die zur Wortfamilie **Jahr** gehören:
Wie in jedem Jahr ...

> Wörter mit demselben Wortstamm bilden eine **Wortfamilie**.
> Wortfamilie **spiel**en: das **Spiel**zeug, mit**spiel**en, ver**spiel**t

3 Bilde Wörter mit dem Wortstamm **jahr**.
Unterstreiche den Wortstamm:
Geburtsjahr, ...

4 Ordne die Wörter zu Wortfamilien. Unterstreiche den Wortstamm:
Großeltern, ...
Badesee, ...
Anzahl, ...

Großeltern Badesee Anzahl bezahlen Größe Seeigel größer
großschreiben Seeufer Nachbarzahl Seehund Mehrzahl
Nordsee Seebär Seerose vergrößern Zahlwort zahlreich großzügig

Wörter mit ck und tz

DU ICH **1** Lies den Text. Lies dann die blauen Wörter mehrmals laut und deutlich. Wie werden die Vokale und Umlaute vor dem **ck** und dem **tz** gesprochen: lang oder kurz? Berichte deinem Partnerkind.

Die große Hitze ist zum Glück vorbei. Marie sieht in der Ferne schon die Blitze. Oh, ein Sommergewitter zieht auf! Rasch nimmt Marie ihre Jacke vom Haken und läuft hinaus. Sie will die Küken in den Hühnerstall bringen. Es beginnt zu regnen. Maries Locken werden nass.

Hörst du nach einem kurzen Vokal oder Umlaut in der ersten betonten Silbe ein **k**, schreibst du **ck**: die Glocke.
Hörst du **z**, schreibst du **tz**: die Tatze.

Du trennst das Wort **Glocke** so: Glo-cke.

2 Sprich die Wörter zu den Bildern. Schreibe die Wörter auf. Markiere die Vokale und Umlaute vor den **k**-Lauten und zeichne Silbenbögen: die Mücke, …

3 Sprich die Wörter zu den Bildern. Schreibe die Wörter auf. Markiere die Vokale und Umlaute vor den **z**-Lauten und zeichne Silbenbögen: die Katze, …

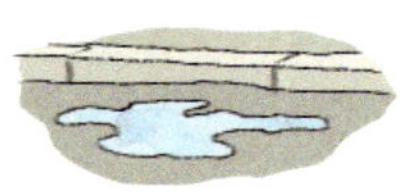

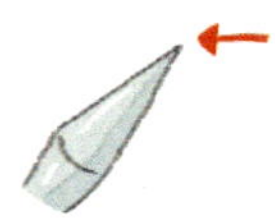

4 Schreibe die Reimwörter auf: blitzen, spritzen, …

blitzen	die Blitze	die Pfütze	die Matratze
spr	die W	die M	die K
s	die S	die St	die T

Merkwörter: (M)
plötzlich
jetzt
zurück
trotzdem

S. 92 Richtig schreiben

Hier üben wir

1 Übe den Text: oder oder oder .

Die Badehose

Hannes und Marie treffen sich an der Brücke.
Sie wollen ins Schwimmbad. Die Sonne scheint.
Am Morgen hat es noch ein Gewitter mit Blitzen gegeben.
Mit den Rädern fahren sie durch die großen Pfützen.
Das spritzt! Am Schwimmbadeingang bezahlen sie.
Dann gehen sie sich umziehen. Marie ist schnell fertig.
Sie wartet auf Hannes. Endlich kommt er.

„Was hat denn so lange gedauert?", fragt Marie.
„Ich habe meine Badehose vergessen", sagt Hannes.
Marie lacht: „Dann wirst du heute trocken bleiben."

die Sonne
der Morgen
die Pfütze
sie scheint
sie wartet
sie lacht
bezahlen
gehen
bleiben
groß
ein

2 Bilde mit den Wortstämmen Wörter:
der Schwimmer, …
baden, …
die Erziehung, …

3 Bilde Wörter: flitzen, …

4 Wann schreibst du **ck** und **tz**?
Schreibe in dein Lerntagebuch:

3. Jo-Jo-Test

Subjekt und Prädikat

1 Schreibe die Sätze ab. Unterstreiche das Prädikat rot. Unterstreiche das Subjekt blau.

Im Frühling erwacht die Natur.

Jetzt kommen die Vögel in den Garten.

Petra beobachtet sie ganz genau.

Die Vögel sitzen hoch oben in den Bäumen.

Bald bauen sie ihre Nester.

Ableiten: Wörter mit ä und äu

2 Finde zu jedem Wort mit **ä** oder **äu** das passende Wort mit **a** oder **au**. Schreibe Wortpaare auf.

Träume	schäumen	Bäcker	säubern	Hände	Säfte
lässt	Läufer	Verkäufer	stärker	Bänder	Männer

Zusammengesetze Nomen

3 Bilde zusammengesetzte Nomen. Denke an die Artikel.

Kaffee	Fuß	Fahrrad	Brief
Tour	Umschlag	Ball	Tasse

Verben mit Vorsilben

4 Finde zu jedem Verb **einen** passenden Wortbaustein. Bilde mit jedem neuen Verb einen Satz.

ab- auf- ver- er- be-

schlafen schneiden zählen malen holen

Gegenwart und Vergangenheit

5 In der 5. Klasse erinnert sich Johann.
Schreibe Johanns Erinnerung in der 1. Vergangenheit.

Ich gehe in die Grundschule.
Mein Lieblingsfach ist Mathe, denn ich kann sehr gut kopfrechnen. Auch Sport macht mir sehr viel Spaß. In Deutsch schreibe ich oft spannende Aufsätze. Außerdem lerne ich Englisch. In den Pausen spiele ich am liebsten Fußball.

Wortfamilien

6 In jeder Reihe gehört ein Wort nicht zur Wortfamilie.
Schreibe die Reihen ohne das Kuckucksei ab.
Unterstreiche in jedem Wort den Wortstamm.

fahren Farben Hinfahrt verfahren

Schlafwagen Schlagzeug schlafen schläfrig

Turnstange Turner Turmuhr vorturnen

Gelächter auslachen mitmachen lächeln

laufen Läufer Wettlauf Laus

Haus häuslich häufig hausen

Spielzeug abspielen sparen Spielplatz

Wörter mit ck und tz

7 Finde die Reimwörter und schreibe sie auf.

Glocke	Spritze	backen	schmatzen	Schnecke
Fl	H	p	pl	D
L	R	kn	kr	Str
S	W	h	schw	Z

Ich liebe Bücher

Geschichtensammlung

Roman

Witzebuch

Sachbuch

ICH **1** Wann liest du welches Buch?
Ordne die Bücher von oben zu:
Geschichtensammlung: Ich möchte …

Ich möchte mich informieren.

Ich möchte etwas nacherzählen können und darüber lachen.

Ich möchte lange und gemütlich darin lesen.

Ich möchte kurze Texte lesen.

DU ICH **2** Vergleiche deine Lösungen mit deinem Partnerkind.

G **3** Welche Bücher lest ihr am liebsten?
Was gefällt euch an den Büchern?
Sprecht in eurer Gruppe darüber.

Ich lese am liebsten Sachbücher, weil …

WIR **4** Stellt in der Klasse eure Lieblingsbücher vor.
Lasst euch gegenseitig in Ruhe ausreden.

Wörtliche Rede in Geschichten

1 Lies die Geschichte deinem Partnerkind vor.
Achte auf eine gute Betonung.

Mit einem Mal war Herr Taschenbier hellwach und setzte sich im Bett auf. Draußen schien schon die Sonne. Es war früher Morgen, Sonntagmorgen. Und neben ihm im Bett saß das Sams und sang. Jetzt fiel ihm alles wieder ein: Gestern hatte er ja dieses Wesen mitgebracht, dieses ständig lärmende Sams, das er mit dem besten Willen nicht mehr los wurde. „Du bist ja immer noch da“, seufzte er. *Paul Maar*

Geschichten werden **spannender** und **lebendiger**, wenn du die Personen sprechen lässt.

2 Die Kinder haben die Geschichte in der Klasse weitergeschrieben.
Lies, was Ben geschrieben hat.

Das Sams nickte. Im nächsten Moment zog es an Herrn Taschenbiers Arm. Dem Sams war langweilig. Herr Taschenbier seufzte wieder. Er bewegte sich nicht. Das Sams fing an zu kreischen und zu trampeln. Herr Taschenbier stieg aus dem Bett und zog sich langsam an. Aufgeregt sprang das Sams durch das Zimmer und sang ein echtes Sams-Lied.

Lass mich! Ich möchte noch liegen bleiben.

Ich will jetzt aber endlich rausgehen!

Mir fällt bestimmt etwas Lustiges ein.

Steh endlich auf, Papa!

Und was sollen wir an diesem sonnigen Sonntag machen?

DU ICH **3** Wer spricht diese Sätze: das Sams oder Herr Taschenbier?
Überlege mit deinem Partnerkind.

4 Überarbeite die Geschichte. Schreibe sie ab und ergänze die wörtliche Rede mit den Anführungszeichen an den passenden Stellen.

5 Kennt ihr die Geschichte vom Sams? Berichtet.
Oder: Findet mehr über das Buch heraus. Sucht im Internet oder in der Bücherei nach Informationen.

Schreiben S. 152

Wortfelder

1 Lena liebt Bücher. Jetzt schreibt sie selbst ein Buch.
Lies Lenas erste Geschichte.

Stefan schreckt aus dem Schlaf hoch und sieht sich um. Was hat ihn aufgeweckt? Im Zimmer ist es dunkel. Ist da ein Schatten? Plötzlich sieht Stefan zwei funkelnde Augen, die ihn ansehen . Das Herz klopft ihm bis zum Hals. Die Augen sehen ihn genau. Ist es vielleicht ein Monster aus dem Monsterbuch? Oder etwa ein Räuber, wie der aus dem Film, den er gesehen hat? Stefan knipst mutig das Licht an. Aus der Ecke sieht ihn seine Katze Mia. Erleichtert atmet Stefan auf. Doch bevor er wieder einschläft, sieht er sich zur Sicherheit noch mal im ganzen Zimmer um.

schaut
entdeckt
anstarren
mustern
gesehen
beobachtet
schaut

2 Lena hat oft Verbformen von **sehen** verwendet.
Überarbeite die Geschichte. Verwende andere passende Verbformen.

Ein **Wortfeld** sind Wörter, die eine gleiche oder ähnliche Bedeutung haben.
Wortfeld gehen: laufen, schleichen, schlendern …

3 Ordne die Verben in die Tabelle.
Findest du noch mehr passende Verben?

hören	sehen
vernehmen	blicken
…	…

vernehmen blicken mitbekommen starren zwinkern stieren

zuhören betrachten beäugen lauschen aufhorchen schauen

4 Bilde mit den Verben aus Aufgabe 3 Sätze:
Interessiert betrachtet Jana ihr neues Bilderbuch. …

S. 124 Sprache untersuchen

In der Bücherei

1 Warst du schon einmal in einer Bücherei?
Lies den Text und erzähle deinem Partnerkind davon.

Die Klasse 3b besucht die Stadtbücherei. Frau Kolbe, die Bibliothekarin, erklärt, wie die Bücher angeordnet sind: Es gibt unterschiedliche Bereiche, zum Beispiel Bilderbücher, Kinder- und Jugendliteratur, Sachbücher oder Zeitschriften. In jedem Bereich sind die Buchtitel alphabetisch nach dem Nachnamen der Autoren geordnet. Die Buchtitel eines Autors sind noch einmal nach dem Alphabet sortiert.

Nun zeigt Frau Kolbe den Schülern eine lange Regalreihe mit Sachbüchern. Hier helfen Schlagwörter wie **Sport**, **Tiere** oder **Technik**, sich zurechtzufinden und das passende Buch aufzuspüren. „Manchmal hilft es auch, sich den Klappentext durchzulesen oder die Bilder anzusehen“, erklärt die Bibliothekarin.

Zum Schluss erklärt Frau Kolbe noch die Ausleihbestimmungen: „Mit dem Bibliotheksausweis könnt ihr die Bücher, DVDs und Spiele ausleihen und das Internet nutzen.“

2 Ordne die Buchtitel den passenden Bereichen aus dem Text zu.
Du kannst dir die Buchtitel im Internet genauer ansehen:
Bilderbücher: …

- Sommer im Möwenweg
- Eddies Lügengeschichten
- Bravo
- Geolino
- Das Grüffelokind
- Das Weltall: Sterne und Planeten
- Das Lexikon der Saurier
- Die kleine Raupe Nimmersatt

3 Finde zu jedem Schlagwort im Text einige Buchtitel.
Du kannst zum Beispiel in der Schulbücherei, in Bücherkatalogen oder im Internet suchen.

Wir lernen und üben gemeinsam

Ich arbeite allein

Ich lese die Aufgabe.
Ich überlege mir eine Antwort und schreibe sie auf.

Partnerarbeit

Ich vergleiche mein Ergebnis mit meinem Partnerkind.
Ich erkläre, wie ich die Aufgabe gelöst habe.
Wir schreiben eine gemeinsame Antwort.

Gruppenarbeit

Wir vergleichen unsere Ergebnisse und erklären, wie wir die Aufgabe gelöst haben.
Wir schreiben eine gemeinsame Antwort.

Präsentation und Lernplakat/Lerntagebuch

Wir präsentieren unsere Ergebnisse in der Klasse.
Wichtige Überlegungen schreiben wir auf ein Lernplakat und/oder in unser Lerntagebuch.

Im Doppelkreis lernen

Die Kinder deiner Klasse bilden einen inneren und einen äußeren Kreis. Ihr steht euch paarweise gegenüber.

Der Lehrer oder die Lehrerin nennt nun das Thema. Jeder tauscht sich mit seinem Partnerkind darüber aus.

Auf ein Signal oder nach einer bestimmten Zeit rücken die Kinder im Innenkreis einen Platz weiter nach rechts. Die Kinder im Außenkreis bleiben stehen.

Jetzt unterhält sich jedes Kind mit einem neuen Partnerkind über das Thema. Die Kinder rücken so oft weiter, wie die Lehrerin oder der Lehrer es angeben.

Wörter und Texte richtig schreiben üben

Abschreiben 

Dosendiktat 

Partnerdiktat 

Schreibe in Schreibschrift.
Achte darauf, dass andere
deine Schrift gut lesen können.

Schleichdiktat 

Suche dir für deinen Übungstext
einen besonderen Platz
(Fensterbrett, Regal ...).

Lies den ersten Satz und
präge dir die Wörter gut ein.

Schleiche an deinen Arbeitsplatz zurück
und schreibe den Satz auswendig auf.

Übe so alle Wörter und Sätze.

Vergleiche zum Schluss mit der Vorlage.
Streiche Fehlerwörter mit dem Lineal
durch. Schreibe sie richtig darüber.

Fehlerwörter kannst du
mit der Wörterkiste üben.

Ein Portfolio anlegen

Manchmal schreibt ihr im Unterricht zu einem bestimmten Thema Texte auf, malt Bilder dazu oder gestaltet etwas auf Papier.
Diese Dinge kannst du in einem Portfolio sammeln.

Du brauchst für dein Portfolio eine Sammelmappe oder einen Schnellhefter, einen Locher und Stifte.

Trage zusammen, was du in dem Portfolio sammeln möchtest. Das können unterschiedliche Dinge sein, zum Beispiel Geschichten zu einem Thema, deine Steckbriefe von Tieren, deine Bilder von Pflanzen und so weiter.

Gestalte die erste Seite des Portfolios: Schreibe in schöner Schrift eine Überschrift zum Inhalt. Schreibe deinen Namen und die Klasse dazu. Ergänze auch das Datum, an dem du das Portfolio angelegt hast.

Wörter im Wörterbuch nachschlagen

Im Wörterbuch sind die Wörter nach dem Alphabet geordnet.

Nomen findest du dort in der Einzahl, zum Beispiel **Bäume** bei **Baum**.

Verben findest du in der Grundform, zum Beispiel **liest** bei **lesen**.

Finde den ersten Buchstaben des gesuchten Wortes heraus und merke ihn dir gut.

Suche die Seiten, auf denen alle Wörter mit diesem Anfangsbuchstaben stehen. Das Alphabet am Rand hilft dir dabei.

Wörter mit demselben Anfangsbuchstaben sind nach dem zweiten Buchstaben geordnet. Vielleicht musst du sogar den dritten und vierten Buchstaben betrachten. So findest du das Wort im Wörterbuch.

Ein Lerntagebuch führen

Denke über dein Lernen
und deine Arbeit nach!

Was kann ich?
Was will ich?
Was hat gut geklappt?
Was muss ich ändern?
Warum habe ich das gelernt?
Wo kann ich es einsetzen?

Schreibe deine Gedanken
in Ruhe auf:

Das war neu für mich ...
Das wusste ich schon ...
Da habe ich noch Fragen ...
Das muss ich noch üben ...
Ich weiß jetzt, dass ...
Das nehme ich mir vor ...

Lies dir noch einmal durch,
was du aufgeschrieben hast.

Fehlt noch etwas?

Wenn du möchtest,
kannst du zu deinem Eintrag
auch etwas kleben oder malen.

Nun kannst du der Klasse
deine gestaltete Seite zeigen
und vorlesen, was du in dein
Lerntagebuch geschrieben hast.
Rede laut und deutlich.

Wörter mit Doppelkonsonanten

1 Lies die Wörter. Schreibe die Wörter ab. Kennzeichne das Ende der offenen und geschlossenen Silben: schwim|men, Wa|gen, …

schwimmen   Wagen   Finger   Mittag

helfen   besser   Boden   Wasser   halten

treffen   Nase   Kanne   Schere   doppelt

2 Markiere die Wörter mit Doppelkonsonanten. Kennzeichne den kurzen Vokal vor dem Doppelkonsonant: schwimmen, …

3 Ordne die Wörter den passenden Doppelkonsonanten zu. Zeichne Silbenbögen:
mm: Hammer, …   tt: Schmetterling, …

Ha__er   Kerzenfla__e   Schme__erling   Sti__e   Gewi__er

Ke__e   zusa__en   Ze__el   kle__ern   i__er   ha__e

4 Finde im Text Wörter mit Doppelkonsonanten. Markiere die Doppelkonsonanten: wollen, …

Viele Kinder wollen einen Hund haben.
Hunde sind nämlich tolle Spielkameraden.
Es gibt viele verschiedene Hunderassen,
beispielsweise Schäferhund, Dogge oder Terrier.
Manchmal können wir Hunde beim Träumen
beobachten. Dann bellen oder knurren sie leise.
Alle Hundebesitzer brauchen
sehr viel Zeit, Geduld und Geld für ihr Tier.
Nichts ist schlimmer für einen Hund,
als immer allein in der Wohnung zu sein.
Hunde sind Allesfresser und benötigen jeden Tag
eine gehörige Portion an Tierfutter und Wasser.
Auch die Anschaffung selbst ist je nach Rasse sehr teuer.

S.6 Arbeitsheft

5 Schreibe die passenden Wörter zu den Bildern.
Markiere die Doppelkonsonanten: Koffer, …

G

6 Findet in eurer Gruppe zu jedem Wort mindestens ein Reimwort.
Markiert die Doppelkonsonanten: Falle – …,

Falle   fressen   Lippe   stellen   Gramm

7 Hier sind die Silben vertauscht. Schreibe die Wörter richtig auf.
Markiere die Doppelkonsonanten: Futterstelle, …

Stelfutleter	Wetnerdonter	Sonlenenbril	Tofkarpesupfel
Zimpeldopmer	Pemapmelsam	Wasteserrat	Pulrenloherver

DU
ICH

8 Finde passende Wörter mit Doppelkonsonanten.
Schreibe den vollständigen Text: Katzen haben …
Vergleiche deine Lösungen mit
deinem Partnerkind.

Katzen haben scharfe ____.
Sie ____ auf Bäume.
Sie dösen gern im ____
von Bäumen oder Büschen.
Sie fangen und ____ Mäuse.
Sie ____, wenn man sie streichelt.

Wörter mit ck und tz

1 Ordne die Wörter in die Tabelle ein.
Kennzeichne den kurzen Vokal oder Umlaut.
Zeichne Silbenbögen.

tz	ck
Pfütze	schicken
…	…

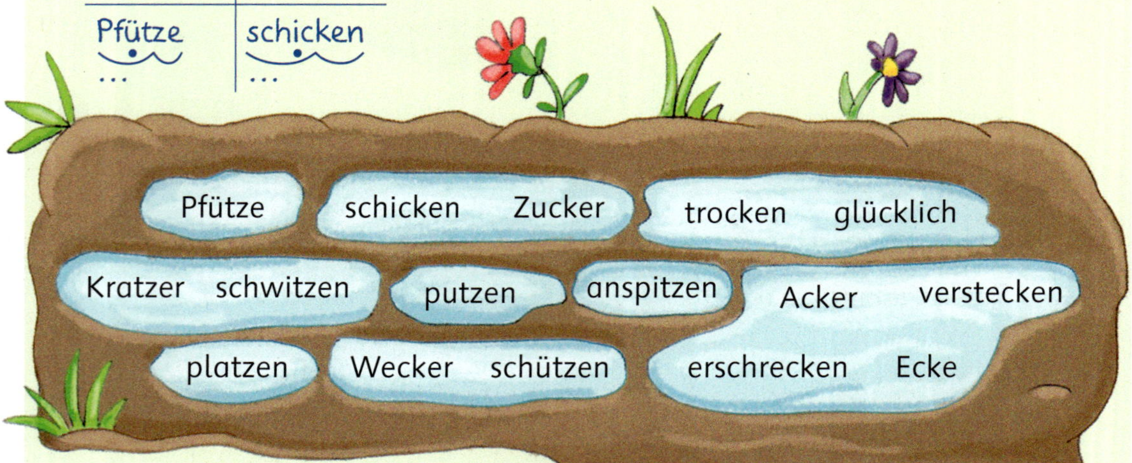

2 Finde die Reimwörter.
Zeichne Silbenbögen:
platzen, kratzen, …

DU ICH **3** Bildet möglichst viele Wörter mit **ck**: Backe, …

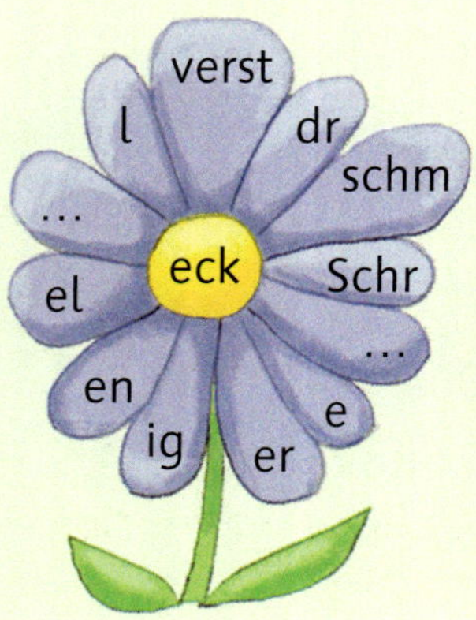

S. 8 Arbeitsheft

4 Immer drei Verbformen gehören zusammen. Schreibe sie auf:
sie blickt, du blickst, ihr …

sie blickt | er packt | wir verstecken | es schmeckt
ich entdecke | ihr blickt | ich verstecke
er juckt | du packst | ich schmecke | es juckt
du blickst | wir entdecken | er versteckt
sie jucken | sie schmecken | sie packen | er entdeckt

DU ICH **5** Hier stimmt etwas nicht. Schreibe die Wörter richtig auf:
Wolkenkratzer, …
Vergleiche deine Lösungen mit deinem Partnerkind.

Wolkenmütze | Zipfelpfütze | Luftkratzer
Regenmatratze | Baunetze | Spinnenklötze

DU ICH **6** Ordnet zu und findet das Gegenteil:
Der Pullover ist nicht kratzig, sondern …

schmutzig • dick • trocken • kratzig • fest • stumpf

 Pullover

 Finger

 Hose

 Buch

 Nadel

 Schraube

7 Finde zu jedem Wort verwandte Wörter:
Blick, anblicken, …

Blick • Gebäck • Schreck • Schmuck • Glück • Sitz • Schatz • Schmutz

Wörter mit ng und nk

1 Ordne die Wörter mit **ng** und **nk** in die Tabelle ein.
Markiere **ng** und **nk**.

ng	nk
fangen	…

fangen zwingen tanken funken verlangen

gelingen hinken vordrängeln zanken schenken

danken denken klingen springen hängen

2 Schreibe die Sätze mit den passenden Verben.
Markiere **ng**: Wir springen …

singen • hängen • bringen • springen

Wir ___ manchmal ins Wasser.

Wir ___ alle Bilder an die Wand.

Wir ___ unserer Oma Gänseblümchen.

Wir ___ gern lustige Lieder.

3 Schreibe die Sätze mit den passenden Verben. Markiere **nk**.

schenken • trinken • winken • schminken

Wir ___ uns manchmal heimlich mit Mamas Lippenstift.

Wir ___ gern Apfelsaftschorle.

Wir ___ unseren Eltern ein rotes Herz.

Wir ___ den Nachbarskindern zu.

S. 10 Arbeitsheft

4 Löse die Rätselsätze und schreibe sie auf. Markiere **ng** oder **nk**:
Das Gegenteil vom …

Hunger • Zunge • Onkel • Krankenwagen • Punkt • Anfang

Das Gegenteil vom Ende ist der ___.
Freche Kinder strecken anderen Menschen die ___ heraus.
Vergiss am Ende eines Aussagesatzes den ___ nicht!
Du hast ___ und möchtest etwas essen.
Der Bruder deiner Mutter ist dein ___.
Der ___ darf mit Blaulicht und Martinshorn fahren.

5 Bilde zusammengesetzte Nomen. Markiere **ng** oder **nk**:
die Fahrradstange …

DU ICH

6 Ergänze in den Wörtern **ng** oder **nk**: *eng, …*
Vergleiche und besprich deine Lösungen mit deinem Partnerkind.
Kontrolliert die Wörter mit dem Wörterbuch.

e___ pi___ ju___ Ri___e kra___ la___

stre___ Gesche___ Fi___er fli___ Kli___el

Gesa___ Gesta___ Geträ___ wi___en

7 Finde die passenden Wörter. Schreibe die Sätze auf:
Viele Menschen singen …

Viele Menschen s___ gern zusammen mit anderen.
Es ist sehr tragisch, wenn Schiffe s___.
Meine Oma hat außer mir noch zwei E___.
Ein Bote Gottes ist ein E___.
Gestern h___ die zwei Kunstwerke noch an der Wand.
Zwei Spieler h___ mit Verletzungen vom Spielfeld.

Wörter mit V/v

1 Welche Wörter mit **V/v** hat die Riesenschlange verschlungen?
Schreibe die Wörter richtig auf. Markiere jeweils das **V/v**: viel, ...

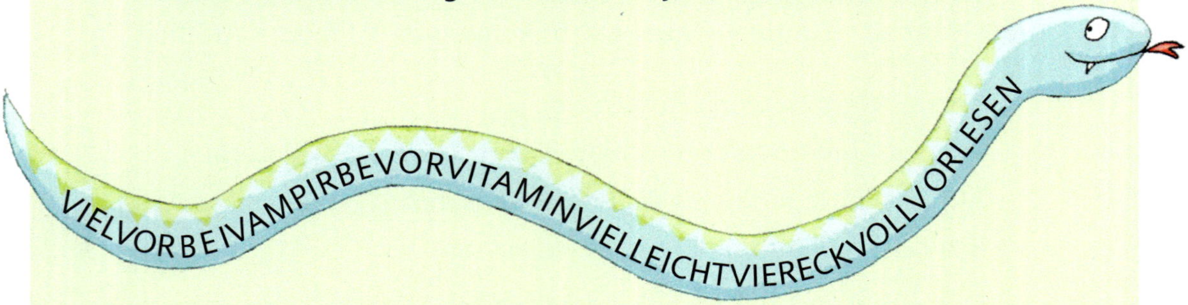

2 Schreibe die Purzelwörter richtig auf. Markiere jeweils das **V/ v**:
Vulkan, ...

luVakn

iovlett

Vhangor

loVeg

eVsa

atreV

DU ICH

3 Klingt das **V/v** wie bei Viereck oder wie bei Vitamin?
Sprecht die Wörter. Ordnet sie in die Tabelle:

Viereck	Vase
...	...

November   Verkehr   Vollmond   Pulver   vier
Advent   Vorname   voll   Larve   vielleicht
Lavendel   viel   Klavier   Nerv   Kurve
Violine   vorbei   Vanessa   Vers   Pullover

4 Schreibe den Text mit den passenden Wörtern auf.
Markiere jeweils das **V/v**: *Vanessa und ihr Vetter …*

verdutzt | Vetter | verstecken | verkneifen | Versteck | Vorhang | Vanessas | Vampire | Vater

Vanessa und ihr ___ Paul haben sich als ___ verkleidet.
Sie ___ sich hinter einem Vorhang. Voller Spannung
warten beide im ___. Als ___ Vater vorbeigeht,
springen sie hinter dem ___ hervor. Vor Schreck schreit
der ___ auf. Er sieht die Kinder ___ an. In diesem Moment
können sie sich das Lachen einfach nicht ___.

5 Welcher Schlüssel passt zu welchem Schloss?
Schreibe die Wörter auf. Kontrolliere mit dem Wörterbuch.

6 Schreibe die Sätze auf. Ergänze in den Wörtern **V/v** oder **F/f**.

___iele ___liegen ___liegen ___or ___ampiren ___ort.
___iele ___ampire ___er___olgen lieber ___liegende ___ögel.

7 Sprecht die Zungenbrecher so schnell wie möglich.

Verlängern: b, d, g am Wortstammende

1 Finde die Wortpaare. Schreibe sie auf.
Markiere **b**, **d**, **g** am Wortende:
Abende – Abend, …

Abend	Betrieb	Erfolg	Geld	Stab
Erfolge	Gelder	Abende	Betriebe	Stäbe

Berg	Tag	Grab	Lied	Pfad
Gräber	Pfade	Berge	Tage	Lieder

DU ICH

2 Lies die Wortpaare aus Aufgabe 1 laut und deutlich.
Was fällt dir auf? Berichte deinem Partnerkind.

Halte beim Sprechen die Hand vor deinen Mund.

3 Finde die Einzahlwörter. Markiere **b**, **d**, **g** am Wortende:
Badeanzüge – Badeanzug, …

Badeanzüge	Winde	Taschendiebe	Fensterbänke
Gesichter	Rinder	Wälder	Tannenzweige
Motorräder	Dienstage	Schleichwege	Kataloge

4 Finde im Text die passende Personalform.
Schreibe die Wortpaare: fragen – sie fragt, …

fragen	sagen	schreiben
üben	schieben	zeigen

Anna schreibt einen Text.
Sie zeigt ihn ihrer Mutter und fragt:
„Findest du noch Fehler?"
Sie sagt: „Man schreibt Wetterhahn mit h."
Sie schiebt das Heft wieder zu Anna.
Anna übt das Fehlerwort noch einmal.

S. 14 Arbeitsheft

5 Finde zu den Verben in der Grundform die Personalform mit **er**.
Schreibe die Wortpaare: *bleiben – er bleibt, …*

bleiben	geben	fragen	glauben
werden	jagen	erlauben	leben

6 Schreibe zu jedem Bild passende Wortpaare:
Könige – König, …

7 Schreibe zu jedem Rätsel die passende Lösung:
Der …

Der Torwart trägt sie an den Händen: ___.
Du bezahlst damit im Geschäft: ___.
Hier wirfst du Papier hinein: ___.
Darauf kannst du im Park sitzen: ___.

8 Schreibe die Sätze mit den passenden Verbformen:
Heute fliegt …

fliegen • tragen • erleben • legen • schieben

Heute ___ Jan mit seinen Eltern in den Urlaub.
Er ___ den ersten Flug in seinem Leben.
Papa ___ den Wagen mit den schweren Koffern.
Mama ___ eine Tasche unter dem Arm.
Am Schalter wartet eine lange Menschenschlange.
Als Papa an der Reihe ist, ___ er die drei Tickets vor.
Die Dame am Schalter wünscht allen einen guten Flug.

Verlängern: Adjektive

1 Finde zu den Wortzetteln das passende Adjektiv im Text.
Schreibe auf: die gesunde Uroma – gesund, …

die gesunde Uroma	das kalte Wasser
der liebe Uropa	die lustigen Geschichten
der mutige Karl	der laute Schrei
das taube Ohr	die wilden Jungen

Meine Uroma ist gesund. Nur auf einem Ohr ist sie fast taub.
Ich muss laut reden, damit sie mich versteht.
Manchmal erzählt sie mir Geschichten,
die sehr lustig sind. Früher spielte sie am liebsten
mit ihren Nachbarsjungen, Karl und Theo.
Die waren so wild! Bei einem Wettrennen fiel sie
einmal mitten in den Bach. Brr, war das Wasser kalt!
Mutig sprang Karl hinterher und rettete sie.
Heute ist Karl mein Uropa. Er ist sehr lieb.

DU ICH

2 Finde zu den Nomen passende Adjektive.
Verlängere jedes Adjektiv: klug – das kluge Kind, …
Vergleiche deine Lösungen mit deinem Partnerkind.

Kind

Film

Gewichtheber

Hose

Mädchen

Apfel

Wetter

Zöpfe

halb
blond
klug
stark
traurig
trüb
weit
wütend

S. 16 Arbeitsheft

3 Zähle die abgebildeten Gegenstände.
Schreibe die Nomen mit den passenden Adjektiven auf:
rund – fünf runde Kugeln, …

bunt
gelb
gesund
rund
russisch
schräg

4 Bilde aus den Nomen Adjektive mit **-ig**.
Schreibe die Adjektive mit einem passenden Nomen auf:
ruhig – der ruhige Hamster, …

Ruhe • Dreck • Durst • Lust • Geduld
Vorsicht • Staub • Glück

5 Was passt: **-lig** oder **-lich**? Die Wörterliste hilft.
Finde zu den Adjektiven ein passendes Nomen:
der stachelige Igel, …

stache▢ bil▢ ehr▢ hei▢ gefähr▢

fröh▢ ärger▢ langwei▢ gruse▢ schreck▢

6 Schreibe den Text mit den vollständigen Adjektiven:
Ich lese …

Ich lese gern Abenteuerbücher. Sie sind so spannen▢.
Neugieri▢, wie ich bin, lese ich und lese und lese.
Wenn ich aber zu spät schlafe, wird meine Mutter wüten▢.
Am nächsten Morgen ist meine Laune auch schlech▢,
weil ich müde bin. Aber in der Schule werde ich bewundert,
weil meine Fantasie so gu▢ ist.

Ableiten: Wörter mit ä und äu

1 Was siehst du auf den Bildern? Schreibe die Wortpaare auf:
Zaun – Zäune, …

2 Finde verwandte Wörter mit **a** und **au**. Schreibe die Wortpaare:
Arm – Ärmel, …

Ärmel Nächte Säfte Träume Mäuse

älter ängstlich länger Verkäuferin

3 Schreibe die Sätze mit den passenden Verben.
Achte auf die richtige Personalform:
Uroma feiert ihren …

tragen • blasen • fahren • laufen • halten • gefallen

Uroma feiert ihren 80. Geburtstag.
Mama ___ mit uns hin.
Uropa ___ eine Rede.
Uroma ___ mein Geschenk.
Jana ___ in die Küche.
Sie ___ den Kuchen zum Esstisch.
Uroma ___ die Kerzen aus.

S. 18 Arbeitsheft

4 Schreibe die Wörter zu den Bildern. Finde passende Ableitungen.
Schreibe die Wortpaare: Häuser – Haus, …

5 Bilde Wörter mit **ä** und **äu**. Finde passende Ableitungen
und schreibe die Wortpaare: Vorräte – Vorrat, …

Vorr	ern	j	ä	te	hren	lle
abz	Abf	M		mmerlich	hlen	nner

Geb	Eink	R	äu	er	me	men
Gem	sch	L		fe	fer	de

DU
ICH

6 Ergänze in den Lücken: **ä** oder **e**, **äu** oder **eu**.
Begründe deine Entscheidung deinem Partnerkind:
„Räder schreibe ich mit ä, weil ich es von Rad ableiten kann." …

In den Ferien machte ich mit Fr_nden einen Ausflug.
Frühmorgens fuhren wir mit unseren R_dern los.
Es ging an bunten Wiesen und großen F_ldern vorbei.
Unter Schatten spendenden B_men hielten wir die _rste Rast.
Wir st_rkten uns mit belegten Broten, Obst und Getr_nken.
Um uns herum roch es nach H_. Hm, wie das duftete!
Wir fuhren weiter. An einem Badesee erfrischten wir uns
im kühlen Wasser und legten uns in die Sonne.
Ich schloss meine Augen und begann vor mich hin zu tr_men.
Plötzlich spürte ich eiskaltes Wasser auf meiner Haut.
Ich schr_ckte hoch. Vor lautem Gel_chter begleitet stand
Samuel mit einer leeren Flasche in der Hand dir_kt vor mir.
Zuerst war ich verärgert, doch dann musste ich auch grinsen.

Wörter mit langem i-Laut (M)

DU ICH

1 Lies den Text laut deinem Partnerkind vor.
Sprecht über die Wörter mit langem i-Laut:
Ich beobachte, …

Sofia und Lisa gehen einkaufen.
Für Mama müssen sie ein Kilo Mandarinen,
einen Liter Öl, Rosinen und Oliven besorgen.
Fast hätten sie die Margarine vergessen.
Auf dem Weg zur Kasse sagt Lisa:
„Hier gibt es Pralinen. Sollen wir Oma eine Packung schenken?"
„Einverstanden. Mir schmecken diese da prima",
antwortet Sofia. Zu Hause sagt Lisa zu ihrer Mutter:
„Wir müssen dir noch das Geld für die Pralinen geben."

2 Schreibe alle rot hervorgehobenen Wörter aus Aufgabe 1 auf: *Sofia, …*

3 Schreibe immer zwei zusammengesetzte Nomen:
Augenlid, Lidschatten, …

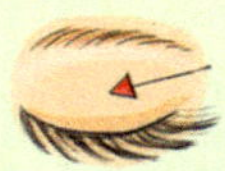 

Augen Lid Schatten

Daumen Kino Karte

Flöten Musik Stunde

Haus Kaninchen Stall

4 Schreibe den Text ab. Markiere alle Wörter mit **ih**: *Der Otter …*

Der Otter sitzt am Rand des Teichs im Nürnberger Tiergarten.
Beinahe hätte ich **ihn** nicht gesehen! Sein braunes Fell hilft ihm,
sich zu tarnen. Ich möchte ihn gern füttern, aber das ist nicht erlaubt.
Da taucht neben ihm noch ein Otter auf. Während ich ihnen beim
Planschen zusehe, kommt eine Tierpflegerin. Ich sehe ihr zu, wie sie
den Ottern kleine Fische zuwirft. Diese scheinen ihnen gut zu schmecken!

S. 20 Arbeitsheft

5 Löse die Tierrätsel: *Wir haben Stacheln: …*

Tiger • Nilpferde • Pinguine • Biber • Igel • Krokodile • Kaninchen

Wir haben Stacheln: ___.
Wir sind sehr schwer: ___.
Wir leben in der Antarktis: ___.
Wir nagen gern an Holz: ___.
Wir knabbern gern an Karotten: ___.
Wir haben panzerartige Schuppen als Haut: ___.
Wir dösen gern im Schatten von Sträuchern: ___.

DU ICH

6 Findet die passenden Endungen. Ordnet die Wörter.
Manchmal passen auch beide Endungen
für die Einzahl und die Mehrzahl:
Wörter mit -in: Kamin, …
Wörter mit -ine: …
Erkläre deinem Partnerkind die Bedeutung der Wörter.

Kam Masch Trampol Gard Term
Law Mediz V tam Benz Kab
Kant Magaz Apfels

in
ine

7 Schreibe zu den Bildern die Wörter mit i.
Kontrolliere jedes Wort mit dem Wörterbuch: *Fibel, …*

8 Bilde aus den Silben Wörter: *Musik, …*

Mu Po li sik zei
Apfel Ski si an ne zug
Man Ri da ri si ne ko

Merkwörter mit Dehnungs-h (M)

1 Zähle genau. Schreibe die Zahl zu den jeweiligen Wörtern auf. Markiere in allen Wörtern das **h** und unterstreiche den langen Vokal oder Umlaut vor dem **h**: 4 Bilderrahmen, …

Bei den Wörtern **Stuhl** und **Wasserhahn** ändert sich in der Mehrzahl der Vokal vor dem **h**.

Bilderrahmen • Kaffeebohnen • Kühlschrank • Stuhl • Mehlpackung
Ohrring • Rührgerät • Schlagsahne • Uhr • Wasserhahn

2 Löse die Rätselsätze. Markiere in jeder Lösung das **h** und unterstreiche den langen Vokal oder Umlaut vor dem **h**: Das Huhn legt Eier. …

Fohlen • zahm • Höhle • Huhn • Mähne • Rotkehlchen

Das ___ legt Eier.
Das ___ ist das Jungtier eines Pferdes.
Das ___ ist ein Vogel, der bei uns überwintert.
Raubtiere sind nicht ___.
Der Löwe hat eine lange und struppige ___.
Der Bär lebt in einer ___.

S. 22 Arbeitsheft

3 Schreibe die Sätze mit den passenden Wörtern:
Nach dem …

mehreren • Abwehrspieler • wahr • Feuerwehr • wehrt

Nach dem Notruf ist die ___ sofort zur Stelle.
Jonas ___ sich bei seinem Judokampf tapfer.
Unsere ___ sind in guter Form.
Seit ___ Tagen suche ich verzweifelt meine Brille.
Die Geschichte von Dimitri ist ___.

4 Bildet abwechselnd zu jedem Verb in der Grundform Personalformen:
fahren , ich fahre, er fährt, …

fahren   fühlen   fehlen   berühren

erzählen   ernähren   wohnen   gähnen

wählen   zahlen   wühlen   stehen

5 Bilde Wörter und ergänze sie passend in den Sätzen:
Das Geburtstagskind sitzt auf einem Ehrenplatz. …

Ehren • Sieger • ehr • Ehren • ehrt • Ehren • ver • Ehr • lich
wort • gast • furcht • geizig • platz • runde • Ehren • ehrung • ehr

Das Geburtstagskind sitzt auf einem ___.
Jasmin bekommt bei der ___ einen Pokal.
Tim betrachtet den Pokal voller ___.
Felix ist Fußballfan. Er ___ einen Fußballverein.
Mia will die Beste sein. Sie ist sehr ___.
Der Vater verspricht, seinem Freund zu helfen.
Er gibt ihm sein ___.
Max lügt nie, er ist immer ___.
Lisa wird als ___ gefeiert.
Nach ihrem Sieg drehen die Spieler eine ___.

Wörter aus anderen Sprachen

1 Schreibe zu jedem Bild das passende Nomen:
1. Jeans, …

① 

② 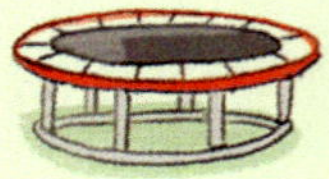

③ 

④ 

⑤ 

⑥ 

⑦ 

⑧ 

Jeans
Trampolin
Klavier
Clown
Iglu
Mais
Computer
Stadion

2 Viele deutsche Wörter stammen aus der lateinischen Sprache.
Ersetze die lateinischen durch passende deutsche Begriffe:
In den Ferien …

In den feriae besuchen wir manchmal meinen Onkel.
Er arbeitet als medicus. Mit seiner familia wohnt er
in einem kleinen Ort in der Schweiz.
Die strata zu seinem Haus ist sehr schmal.
Wir freuen uns immer auf den leckeren caseus,
den wir dort bekommen.

deutsche Begriffe:
Mediziner
Straße
Ferien
Käse
Familie

3 Ordne den Wörtern die passende Erklärung zu.
Schreibe ganz Sätze: Eine Bibliothek ist eine …

Bibliothek	offene Feuerstelle
Kamin	Schauspielhaus
Chaos	völliges Durcheinander
Theater	Bücherei

4 Ordne die Speisen ihren Herkunftsländern zu: *Speisen aus Italien: …*

Italien

Frankreich

England/Amerika

Chips Cheeseburger
Ketchup Steak

Baguette Champignon
Omelette Crêpe

Spaghetti Salami
Gnocchi Tiramisu

5 Schreibe die Sätze mit den passenden Wörtern aus anderen Sprachen. Kontrolliere die eingesetzten Wörter mit der Wörterliste oder dem Wörterbuch: *Jemand, …*

Jemand, der mit Sportlern arbeitet, ist ein T ___.
Ein Wörterbuch ist ein L ___.
Ein Säugling ist ein B ___.
Ein heißes Getränk aus gemahlenen Bohnen ist K ___.
Das Fach, in dem auch gerechnet wird, heißt M ___.

6 Manche Wörter kommen aus der englischen Sprache, manche aus der französischen. Ordne zu:
englisch: Gentleman, … *französisch: …*

Gentleman Cowboy Bonbon merci Shampoo
Team Gelee Bodybuilding surfen Croissant
Dessert Snack Fan Raclette City

G

7 Habt ihr richtig zugeordnet?
Vergleicht eure Lösungen in eurer Gruppe und begründet.

8 Erkläre die Bedeutung der Wörter. Schreibe in ganzen Sätzen:
Ein Portmonaie ist …

Portmonaie

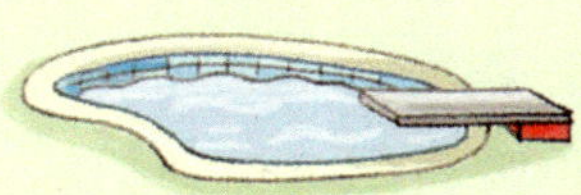

Swimmingpool

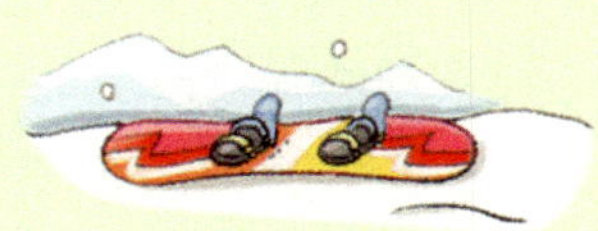

Snowboard

DU ICH

9 Sprichst du noch eine andere Sprache? Wähle Wörter von dieser Seite.
Sage sie deinem Partnerkind in deiner anderen Sprache.

Nomen, bestimmter und unbestimmter Artikel

1 Was siehst du auf den Bildern?
Schreibe die Nomen mit dem bestimmten Artikel auf: 1. der Apfel, …

2 Schreibe die Nomen aus Aufgabe 1 mit unbestimmtem Artikel.
Trage die Wörter in eine Tabelle ein:

ein	eine
ein Apfel	…

3 Finde in jedem Satz das Nomen.
Schreibe es mit dem bestimmten Artikel in der Mehrzahl auf:
die Wolken, …

Die Wolke ist sehr dunkel.
Ich laufe in das Haus.
Ich schließe das Fenster.
Ich gucke auf die Straße.
Die Pfütze ist riesig.
Der Hund wird nass.

4 Finde die Nomen.
Prüfe dazu: Können die Wörter in der Mehrzahl stehen?
Und kannst du einen Artikel ergänzen?
Schreibe nur die Nomen mit dem bestimmten Artikel auf.

ZIMMER BLAU BUCH VERLIEBEN WEICH

SEHR TISCH TAFEL WISCHEN AUF BAUM

5 Finde im Text alle Nomen. Schreibe sie in der Einzahl und in der Mehrzahl mit dem bestimmten Artikel auf:
das Fahrrad – die Fahrräder, …

Ich fahre mit dem Fahrrad zur Schule.
In meinem Korb habe ich einen Ball.
Wir wollen heute in der Pause damit spielen.
Hoffentlich fällt er nicht auf die Straße!
Geschafft – ich lege ihn erst einmal unter den Tisch.

6 Schreibe nur die Nomen mit unbestimmtem Artikel auf:
eine Jacke, …

JACKE KOFFER AUFRÄUMEN SCHUH BANK DÜNN KERZE
HÖHLE TÜTE VASE ENG IGEL BROT FAUL SUPPE SPIELEN
HAAR PUPPE BUCH KRANK FAHRRAD FAHREN TELLER KLEID

7 Schreibe die Nomen mit Artikel in der Mehrzahl auf.
Markiere die Buchstaben, die in der Mehrzahl dazugekommen sind.
Finde zu jeder Endung ein weiteres Nomen:
die Büros, …

Bild, Kleid, …

Büro, Sofa, …

Kerze, Gurke, …

Brief, Heft, …

8 Einige Nomen aus dem Kasten gibt es nur in der Einzahl.
Schreibe diese Nomen mit Artikel auf: die Wut, …

Wut • Baum • Schreck • Tür • Hunger
Butter • Glück • Loch • Schnee • Hund

9 Finde mit deinem Partnerkind weitere Nomen, die es nur in der Einzahl gibt. Die Wörterliste hilft.

Verben: Grundform und Personalform

1 Schreibe die Sätze ab. Unterstreiche in jedem Satz das Verb:
Alle <u>tun</u> etwas: …

Alle tun etwas:
Ich backe einen Kuchen.
Der Ohrenarzt testet Laras Hörgerät.
Ben und Tim füttern die Katze.
Du erzählst mir einen Witz.
Luca trifft seinen Vater.
Elisa schläft auf dem Sofa.
Ich fahre mit Mama in den Urlaub.
Du spielst Memory. Opa telefoniert mit Oma.
Papa schält die Kartoffeln.

2 Schreibe den Text ab. Setze passende Verben ein:
Die Kinder fahren mit …

stößt • fahren • verletzt • schimpft • sitzen • turnt

Die Kinder ___ mit dem Bus.
Julia ___ Mateo in den Rücken.
Jona ___ auf dem Sitz herum.
Der Busfahrer ___.
Die Kinder ___ wieder ordentlich
auf ihrem Platz. So ___ sich niemand.

3 Was tust du gern? Wähle Verben. Schreibe Sätze mit **Ich**.
Überlege dir weitere Verben, die zu dir passen:
Ich hüpfe gern. Ich …

hüpfen • rechnen • tanzen • lachen
laufen • klettern • trinken • singen

DU ICH **4** Was tut dein Partnerkind gern? Lest euch eure Sätze gegenseitig vor.
Vergleicht und sprecht darüber.

S. 28 Arbeitsheft

5 Schreibe auf, was die Kinder in ihrer Freizeit machen.
Unterstreiche die Verben: Siri und Jana <u>tanzen</u> Ballett.

Siri und Jana • Tom • Felix und Max • Sara • Anne

6 Finde in jedem Satz das Verb. Schreibe es in der Personalform und in der Grundform auf:
sitzt – sitzen, …

Timo sitzt auf seinem Koffer. Frau Müller wartet ungeduldig.
Petra kauft eine Zeitschrift. Anna kommt die Treppe herauf.
Ich umarme meine Mutter. Der Zug fährt los.

7 Schreibe jedes Verb in allen Personalformen auf:
ich sehe, du …

sehen • geben • können • wollen • werfen

8 Ergänze im Text die Verben in der richtigen Personalform:
Die Kinder verkleiden …

verkleiden • spielen • trainieren • fördern • sitzen • drehen
rennen • ruhen • setzen • kommen • gewinnen • laufen

Die Kinder ___ sich als Indianerkinder und ___ Kaipsak.
Dieses Spiel ___ die Schnelligkeit und ___ die Geschicklichkeit.
Es ___ 10–20 Kinder im Kreis.
Ein Kind ___ einen Kreisel
und ___ dann schnell um den Kreis.
Bevor der Kreisel wieder ___,
muss sich das Kind ___.
Dann ___ das nächste Kind an die Reihe.
Es ___, wer die meisten Runden ___.

Wortstamm und Endung

1 Immer drei Verbformen gehören zusammen.
Schreibe sie hintereinander auf. Unterstreiche den Wortstamm:
führen, ich führe, er führt, …

2 Schreibe zu jedem Pronomen den Wortstamm
mit der passenden Endung. Markiere die Endung:
ich gehe, du gehst, …

ich		e
du	geh	st
er/sie/es		t
wir		en
ihr	hör	t
sie		en

3 Schreibe alle Verben mit **er** oder **sie** auf.
Markiere in jedem Verb die Endung:
er geht, …

Kemal geht heute in den Zirkus.
Die Vorstellung beginnt pünktlich.
Der Direktor führt durch das Programm.
Er zeigt auch eine Löwennummer.
Kemal staunt besonders über die Trapezartisten.
Zwischendurch macht ein Clown Quatsch.
Die Kapelle spielt schnelle Musik.
Kemal klatscht begeistert in die Hände.

4 Welche Verbformen gehören zusammen?
Schreibe sie auf und finde die Grundform dazu.
Unterstreiche die Wortstämme und
markiere die Endungen: du liest – ihr lest – lesen, …

Achtung:
Manche Wortstämme
verändern sich.

du liest   er fällt   du fällst   du schläfst   du wirfst   ihr schlaft
ich darf   ich halte   er wirft   ihr lest   du hältst   ihr dürft

5 Schreibe das Gespräch auf.
Setze das Verb **schlafen** in der passenden Form ein:
Arne: „Sören, schläfst du schon?" …

Arne: „Sören, ___ du schon?"
Sören: „Ich ___ noch nicht."
Arne: „Kannst du jetzt ___?"
Sören: „Mann, sei leise! Ich ___ schon fast!"
Mama: „Ihr ___ ja noch gar nicht!"
Arne: „Sören ___ schon."

6 Finde zu den Wortstämmen die Personalform mit **er**
und die Grundform. Markiere die Endungen:
er sieht – sehen, …

sieh   wirf   fäll   häl   nimm   lies   hilf

7 Schreibe die Sätze mit passenden Verben.
Unterstreiche in jedem Verb den Wortstamm.
Markiere die Endungen: Fabian schubst …

Gegenwart und Vergangenheit

1 Welche Verbformen gehören zusammen?
Schreibe mit **sie** oder **er** in die Tabelle:

Gegenwart	1. Vergangenheit
sie macht	sie machte
...	...

macht erklärte überreichte zeigte lachte erzählt

zeigt erzählte lacht erklärt überreicht machte

2 Schreibe den Text in der 1. Vergangenheit.
Die Verbformen aus Aufgabe 1 helfen dir.
Die Klasse 3b machte einen Ausflug ...

Die Klasse 3b macht einen Ausflug zur Feuerwehr. Ein Feuerwehrmann zeigt den Kindern die Ausrüstung und die Fahrzeuge. Der Leiter erklärt den Ablauf eines Einsatzes und erzählt von dem letzten Brand. Zum Schluss überreicht die Lehrerin den Feuerwehrleuten Blumen zum Dank. Die Männer lachen.

3 Setze die Verben in der 2. Vergangenheit passend in den Text ein.
Gestern habe ich ...

Gestern ___ ich Geburtstag ___.

Meine Eltern ___ mir ein Lied ___.

Von meiner Schwester ___ ich einen Flummi ___.

Zu meiner Geburtstagsparty ___ alle meine Freunde ___.

habe gefeiert
haben gesungen
habe bekommen
sind gekommen

4 Ergänze die passende Zeitform.

Ich ___ gestern ein Buch.
Letztes Jahr ___ ich an der Nordsee Urlaub ___.
Wir ___ in das Schwimmbad ___.
Peter ___ eine Banane.
Jona und Leon ___ den Hund ___.
Der Bauer ___ über das Feld.

essen
lesen
gehen
rennen
machen
streicheln

DU ICH

5 Finde mit deinem Partnerkind Verben.
Tragt sie abwechselnd in die Tabelle ein:

Grundform	Gegenwart	1. Vergangenheit	2. Vergangenheit
gehen	ich gehe	ich ging	ich bin gegangen
…	…	…	…

DU ICH

6 Vergleiche die Verben in der 1. Vergangenheit mit der Gegenwartsform. Was fällt dir auf? Besprich dich mit deinem Partnerkind.

Kohleherd

7 Gestalte ein Plakat. Schreibe, wie es früher war.

Die Frauen kochen auf einem Kohleherd.
Ihre Wäsche waschen sie in dem Waschbottich.
Die Köchin füllt das Wasser in den Wasserkessel.
Sie knetet den Kuchenteig mit der Hand.
Abends sitzen die Menschen am Kachelofen.

Waschbottich

Hand

Kachelofen

Wasserkessel

8 Halte einen kleinen Vortrag darüber, wie es früher war.

Die Frauen haben …

Zusammengesetzte Nomen, Verben mit Vorsilben

1 Bilde zusammengesetzte Nomen.
Schreibe sie mit Artikel auf.

Haus →

→ Ball

2 Bilde zusammengesetzte Nomen aus Verben und Nomen.
Schreibe sie mit dem Artikel auf: der Singvogel, …

singen + 

trinken + 

essen + 

messen + 

3 Bilde Wörter mit den Vorsilben **ver** und **vor**: versprechen, …

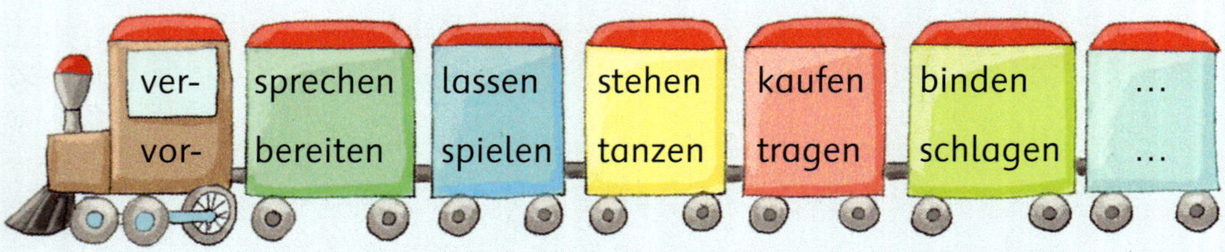

4 Schreibe die Sätze mit dem passenden Verb:
Tom will eine Geschichte aus seinem Buch vorlesen. …

Tom will eine Geschichte aus seinem Buch ___.

auflesen
vorlesen

Jona will seine Matheaufgaben noch einmal ___.

nachrechnen
überrechnen

Elisa will den Text von der Tafel ___.

anschreiben
abschreiben

5 Finde die zusammengesetzten Nomen und zerlege sie:
Turnbeutel: turnen + …

Ina holt ihren Turnbeutel aus dem Flurschrank. Sie packt ihre Sportschuhe und die Trinkflasche ein und geht los. Auf dem Spielfeld ist schon viel Betrieb. Ina hält den Torschuss gerade noch, aber jetzt ist ihr Ringfinger geprellt! Zum Trost kauft sie sich von ihrem Kleingeld eine Limo.

6 Schreibe den Text mit den passenden Wortbausteinen:
Die Kinder möchten …

Die Kinder möchten einen Ausflug ___nehmen und den Nachmittag im Kletterpark ___bringen. Dort müssen sie alle Helme ___setzen und Sicherheitsgurte am Körper ___festigen. Eine junge Frau ___klärt ihnen ganz genau, was sie beim Klettern ___achten müssen. Die Kinder ___sprechen, vorsichtig zu sein. Nun kann das Abenteuer ___ginnen! Die Zeit ___fliegt und das Klettern macht großen Spaß. Die Kinder wollen am liebsten nicht mehr ___hören.

unter-
be-
auf-
er-
ver-

DU
ICH

7 Mit den zusammengesetzten Nomen stimmt etwas nicht! Schreibe die Sätze richtig auf: *Das Gespenst Richard flüstert ein Abschiedswort …*
Vergleiche deine Lösungen mit deinem Partnerkind.

Das Gespenst Richard flüstert ein Abschiedsturm und fliegt auf den Kirchwort.
Der Riese Flo fällt eine Holzboden hinunter und landet auf dem Fußtreppe.
Die Fee Mia hat einen neuen Ohrspange und eine neue Haarring.
Der Drache Hans macht eine Gartenbeet in seinem Gemüseparty.
Die Hexe Trixi holt ihren Zauberschrank aus dem Kleidertrunk.

Adjektive

1 Welche Adjektive passen zu den Tieren?
Schreibe Sätze auf: Der Esel ist grau. …

giftig
klein
grau
schwarz
bunt
blind

2 Hier stimmt etwas nicht!
Schreibe die Nomen mit passenden Adjektiven auf:
der schlaue Fuchs, …

der dumme Fuchs
die schnelle Schnecke
der dünne Elefant
die große Ameise
der schwere Floh
das leichte Nilpferd
die faule Biene
der schwache Bär

DU ICH

3 Wie ist das Tier? Beschreibe mit deinem Partnerkind abwechselnd die Körperteile. Nutzt dabei Adjektive.
Betont alle Adjektive:
„Die Ohren sind groß." …

Fell
Ohren
Zähne
Augen
Schwanz
Krallen

ICH

4 Schreibe die Sätze zu Aufgabe 3.
Unterstreiche alle Adjektive: Die Ohren sind <u>groß</u>. …

S. 36 Arbeitsheft

5 Verwandle die Nomen in Adjektive mit den Wortbausteinen **-ig** und **-lich**. Verlängere die Adjektive:
der Nebel – neblige Tage, …

Nebel Fest Schmutz Hunger Eis Tag Herz Winter Trauer

-ig -lich

DU ICH

6 Schreibe nur die Adjektive auf: falsch, …
Vergeiche dein Ergebnis mit deinem Partnerkind.

falsch Hase lustig müde laufen spitz schnell
süß fremd laut schön nass Wasser spritzen
kühl ehrlich Berg breit grün lesen schwer
vorsichtig weich waschen pünktlich Bus tief

7 Zerlege die zusammengesetzten Adjektive:
steinhart = der Stein + hart, …

steinhart strohdumm butterweich
riesengroß rabenschwarz feuerrot

8 Schreibe die Sätze mit zusammengesetzten Adjektiven.
Benutze die dargestellten Nomen.

Das große Wattepaket ist ___.
Die Braut trägt ein ___ Hochzeitskleid.
Das Auto rast ___ um die Ecke.
Im Märchen sind Prinzessinnen meistens ___.
Bei minus 10 Grad war es gestern ___.

Wortfamilien

1 Schreibe alle Wörter zur Wortfamilie **strahl** heraus:
Mondstrahl, …

Als Jan aufsteht, ist draußen nur
ein schwacher Mondstrahl zu sehen.
Der Taschenlampenstrahl leuchtet ihm
den Weg hinaus aus seinem Zimmer.
Aus der Küche kommt ein heller Lichtstrahl.
Jan öffnet die Tür. Seine Mutter strahlt ihn an:
„Alles Gute zum Geburtstag", sagt sie
und überreicht ihm ein kleines Päckchen.
Mit strahlenden Augen packt Jan das Computerspiel aus,
das er sich so lange gewünscht hat.

2 Ordne die Wörter nach ihren Wortfamilien.
Unterstreiche in jeder Wortfamilie den Wortstamm:

ahnen, …
Herbstanfang, …
paarweise, …

ahnen	Herbstanfang	Ahnung	paarweise	Ehepaar
herbstlich	Herbstmonat	Paarung	Herbstlieder	
geahnt	Herbstzeit	erahnen	Wortpaar	ahnungslos

3 Ergänze in den Sätzen passende Wörter.
Unterstreiche immer den Wortstamm.

spät • verspätete • Verspätung • später • Spätschicht

Gestern ___ sich der Schulbus.
Daher kam Eva zu ___ zur Schule.
Eva erzählte ihrer Lehrerin von der ___
des Busses. ___ spielte sie mit ihren
Freundinnen auf dem Schulhof.
Am Abend war Eva mit ihrer Mutter allein
zu Hause, weil ihr Vater zur ___ musste.

4 Bilde Wörter mit dem Wortstamm **zahl/zähl**.
Unterstreiche in jedem Wort den Wortstamm:
Auszahlung, …

Aus		ig
An		bar
Ein		t
un	zahl	ung
ge	zähl	reich
be		enstrahl
Schnaps		

5 Schreibe nur die Wörter, die zur Wortfamilie **viel** gehören.
Unterstreiche den Wortstamm:
vielfältig, …

vielfältig   vielleicht   vielfach   Vieleck   viereckig

Vielfalt   viel   fielen   Viertelstunde   viele   vielerlei

6 Ordne die Wörter nach Nomen, Verben und Adjektiven.
Unterstreiche in allen Wörtern den Wortstamm **wachs**:
Nomen: …, Verben: …, Adjektive: …

WACHSEN   ERWACHSENER   BEWACHSEN

WACHSTUM   GEWÄCHSHAUS

GEWÄCHS   ERWACHSEN   ANWACHSEN

DU ICH **7** Ordnet die Wortfamilien. Findet zu jeder Wortfamilie weitere Wörter: wechs: …, groß: …, …

größer   wechselhaft   wöchentlich

Verwechslung   Projektwoche   vergrößern

wochenlang   Reifenwechsel   Großvater

Wortfelder

1 Ordne die Verben nach Wortfeldern. Schreibe sie in die Tabelle.

sehen 	hören 	gehen 	sagen 
erblicken	...	...	...

vernehmen aufschnappen berichten

erblicken entdecken rennen erspähen

spazieren eilen erzählen rufen flüstern lauschen

2 Setze die Verben aus Aufgabe 1 passend in den Text ein:
Laura spaziert in ...

Laura  in die Stadt. Schon von Weitem  sie Paul, der über den Zebrastreifen . Laut  Laura seinen Namen. Nun  auch Paul seine Freundin. Auf dem Weg in die Stadt  Paul von seinem neuen Fahrrad. Plötzlich  sie die Polizeisirenen. „Ein Banküberfall!“,  beide Freunde aus der Menschenmenge auf. „Ich habe Angst“,  Laura. Einige Leute versuchen, etwas in der Bank zu . Aber die Polizisten  schon längst hinter den Räubern her. Zu Hause  Laura und Paul von ihrem Erlebnis. Im Radio  sie dem Bericht über die Räuber. Sie wurden geschnappt.

3 Nennt im Doppelkreis Verben zu dem Wortfeld **gehen**. Macht dann der Reihe nach mit den Wortfeldern **sagen**, **hören**, **sehen** weiter.

S. 40 Arbeitsheft

4 Was bedeuten die Verben aus den Wortfeldern **sagen**, **sehen**, **hören** und **gehen**?
Schreibe die Verben mit den passenden Bedeutungen auf:
plaudern – sich gemütlich …

plaudern	Sprünge machen
übersehen	konzentriert zuhören
betrachten	sich gemütlich unterhalten
aufhorchen	etwas genau beschreiben
trödeln	langsam gehen
hüpfen	etwas genau ansehen
lauschen	plötzlich etwas hören
erklären	nicht bemerken

5 Schreibe mit den Verben Sätze.

6 Der Text enthält keine passenden Verben.
Schreibe den Text mit passenden Verben aus den Wortfeldern **gehen**, **sagen**, **hören** und **sehen** auf: Familie Glück …

Familie Glück humpelt munter durch den Wald. Auch ihr Hund Pico joggt weit voraus und schleicht schnell wieder zurück. „Gaffe mal! Da hüpft eine Schnecke", flüstert laut der Vater. Die Tochter schnappt nach den Vogellauten im Wald. Pico glotzt ein Eichhörnchen und springt es. Es purzelt schnell auf einen Baum. Unterwegs petzen sie über Waldtiere. Der Vater schreit etwas über Eulen. Auf einmal besichtigt der Sohn ein Reh. Pico guckt es auch und fängt an zu bellen. Da kriecht das Reh davon und rollt in das Unterholz. Dann rast Familie Glück zurück nach Hause. Das war ein toller Spaziergang!

Nomen mit -ung, -heit, -keit, -nis

1 Ordne jedem Verb ein Nomen zu.
Schreibe die Paare auf: *verzeihen – die Verzeihung, …*

verzeihen • üben wagen • ärgern stören • hindern	Wagnis • Verzeihung Ärgernis • Übung Hindernis • Störung

2 Ordne jedem Adjektiv ein Nomen zu.
Schreibe die Paare auf: *dunkel – die Dunkelheit, …*

dunkel • freundlich dumm • schnell frech • tapfer	Freundlichkeit • Dummheit Dunkelheit • Frechheit Schnelligkeit • Tapferkeit

3 Sieh dir noch einmal deine geschriebenen Nomen aus den Aufgaben 1 und 2 an.
Schreibe dann die Sätze ab und ergänze die Lücken.

Der Artikel bei Nomen mit **-ung**, **-heit**, **-keit** lautet immer ___.
Der Artikel bei Nomen mit **-nis** lautet ___.

4 Schreibe den Text mit passenden Nomen.
Seit ein paar Wochen …

Begeisterung   Sicherheit   Drehung
Geheimnis   Fähigkeit   Fröhlichkeit

Seit ein paar Wochen ist Jule neu in der Klasse.
Ihre ___ finden viele Jungen toll. Mit ___ versuchen sie, Jule mit allem Möglichen zu beeindrucken.
Tim hat ihr einen Lolli geschenkt, was Jule mit ___ gut fand.
Ole hat eine besondere ___, Jule zum Lachen zu bringen:
Er kann eine ___ auf einem Bein mit einer lustigen Grimasse!
Ben hat sich sogar ein bisschen in Jule verliebt, aber das ist sein ___.

S. 42 Arbeitsheft

5 Diese Nomen sollen in der Mehrzahl stehen. Schreibe die Sätze um. Du musst auch die Artikel und Verben verändern. Markiere die Doppelkonsonanten:
Die Sportereignisse der Schule sind …

Das Sportereignis der Schule ist gut geplant.
Das Verzeichnis aller Mitspieler wird verteilt.
Das Hindernis wird auf das Feld gestellt.
Das Bedürfnis jedes Einzelnen muss in der Mannschaft zurückgestellt werden.
Es kommt zu einem Missverständnis in einer Mannschaft.
Das Endergebnis wird am Schwarzen Brett ausgehängt.

6 In jeder Reihe sind die Endungen vertauscht worden. Schreibe die Wörter mit den richtigen Endungen auf: Offenheit, …

Offenung	Klugnis	Wichtignis	Blindung
Deutlichheit	Erlebung	Ärgerung	Ereigheit
Kleidkeit	Achtheit	Störkeit	Bedeutnis

7 Bilde Nomen aus den Verben und Adjektiven. Ergänze die Sätze mit diesen Nomen: Nach zwölf …

erlauben • finster • müde • üben • berühmt

Nach zwölf Stunden Arbeit ist die ___ groß.
Der Maler van Gogh ist heute eine echte ___.
Mit viel ___ klappt das Aufsagen des Gedichts.
Die ___ im Wald fanden die Kinder beängstigend.
Pia erhält die ___, allein mit dem Rad zur Schule zu fahren.

G **8** Findet zu jeder Endung Nomen. Vergleicht eure Lösungen in eurer Gruppe.

ung heit keit nis

Satzglieder

1 Verlängere den Satz immer um ein weiteres Satzglied:
Felix rennt. Felix rennt am Nachmittag. …

Felix rennt   am Nachmittag   bei Regen

mit seinem Freund   durch den Wald

DU ICH **2** Bilde aus den Satzgliedern Sätze.
Besprich dich mit deinem Partnerkind:
Wo steht immer das Prädikat?
Tim und Anne spielen …

3 Ordne die Satzglieder jeder Zeile zu einem richtigen Satz.
Schreibe den Satzanfang groß.
Denke an den Punkt am Ende des Satzes.
Schreibe das Prädikat immer als zweites Satzglied.

sehen   ein Eichhörnchen   die Kinder   im Wald

springt   von Ast zu Ast   das Eichhörnchen   schnell

die Vögel   sofort   aus dem Baum   fliegen

eine Maus   unter einen Blätterhaufen   läuft   ängstlich

finden   den Wald   die Kinder   toll

4 Bilde aus den Satzgliedern unterschiedliche Sätze:
Mit einer Taschenlampe …

gehen | zwei Männer | durch den Park | mit einer Taschenlampe | nachts

5 Bilde aus den Satzgliedern Fragesätze:
Suchen die Männer …?
Besprich dich mit deinem Partnerkind: Wo steht immer das Prädikat?

die Männer | auf dem Spielplatz | suchen | ihren Hund

frierend | der Hund | sitzt | unter einem Baum

findet | eine ältere Dame | den Hund | zufällig

sie | bringt | zum Fundbüro | den Hund

6 Stelle die Satzglieder um. Achte auf unterschiedliche Satzanfänge:
Clara und Jan sitzen auf Klappstühlen am Teich.
Abwechselnd …

Clara und Jan	sitzen	auf Klappstühlen	am Teich.
Sie	erzählen	abwechselnd	lustige Witze.
Sie	lachen	dabei	immer wieder.
Sie	kippeln	beim Lachen	vor Begeisterung.
Sie	fallen	rückwärts	in den Teich.

7 Stelle den Satz so oft wie möglich um.
Unterstreiche die Satzglieder.

Der Junge erzählt seinem Vater oft spannende Gruselgeschichten.

Prädikat und Subjekt

1 Was **tun** die Personen? Schreibe die Sätze ab.
Unterstreiche in jedem Satz das **Prädikat** rot:
Der Jogger rennt um den See. ...

Der Jogger rennt um den See.
Das Wasser plätschert sanft.
Der Frosch quakt laut.
Die Kinder spielen auf dem Spielplatz.
Der Radfahrer schiebt sein Fahrrad.
Ein alter Mann füttert die Enten.
Die Frau liegt auf der Wiese.
Der Gärtner mäht den Rasen.

2 **Wer oder was** fliegt vorbei?
Schreibe zu dem Bild Sätze auf.
Unterstreiche in jedem Satz das **Subjekt** blau:
Das Flugzeug fliegt vorbei. ...

3 Wer tut was? Schreibe Sätze.
Unterstreiche **Prädikate** rot und **Subjekte** blau:
Kai schreibt. ...

4 Vergleiche jeweils die Sätze.
Welche Prädikate verlangen noch weitere Satzglieder?
Schreibe nur die Sätze mit diesen Prädikaten auf.
Ergänze passende Satzglieder.

Lena läuft. Johann holt.

Lorenz spielt. Mia versteckt.

DU ICH

5 Wo steht im Satz immer das Prädikat? Besprich dich mit deinem Partnerkind. Schreibt einen Merksatz dazu auf:
Das Prädikat steht …

6 Schreibe die Sätze mit passenden Subjekten.
Unterstreiche in jedem Satz das Subjekt blau:
Die Gärtnerin pflegt die Blumenbeete. …

_____ pflegt die Blumenbeete.
_____ leert die Abfallkörbe.
_____ sitzt auf der Bank.
_____ verkauft Getränke.
_____ spielt mit Tim auf der Wiese.
_____ jagt den Tauben nach.

eine alte Frau
der Müllwerker
die Gärtnerin
der junge Hund
der Imbissverkäufer
Anne

7 Ersetze **Sie** durch unterschiedliche Subjekte:
Zwei … überfallen eine Bank. …

Sie überfallen eine Bank. Sie fordern viel Geld.
Sie bekommen eine Tüte. Sie rennen davon.
Sie verstecken sich hinter einem Baum.
Sie öffnen die Tüte – es sind nur Bonbons drin!

8 Schreibe Sätze zu den Bildern. Unterstreiche in jedem Satz das Prädikat rot und das Subjekt blau.

Wörtliche Rede und Redebegleitsätze

1 Schreibe nur die wörtliche Rede ab.
Achte auf die Anführungszeichen: „Was frisst …?" …

Ahmed beobachtet Maxi im Käfig. Er fragt Peter:
„Was frisst denn dein Meerschweinchen?"
Peter zeigt auf die Futterstelle und erklärt:
„Es frisst gern frisches Grünzeug, Möhren und Löwenzahn.
Zu trinken gibt es Wasser."
„Ist Maxi denn schon alt?", fragt Ahmed. Peter schüttelt den Kopf und antwortet: „Nein, Maxi ist erst ein Jahr alt. Aber oft werden Meerschweinchen nicht älter als acht Jahre."
Peter öffnet die Klappe am Käfig und Maxi springt hinaus. Ahmed streichelt das Meerschweinchen. Er fragt: „Ist es nicht langweilig für Maxi, wenn er immer allein im Käfig ist?" In dem Moment kommt Mini aus dem Häuschen gehoppelt.
Peter lacht: „Nein, langweilig wird es den beiden nie!"

2 Schreibe das Gespräch auf. Denke an die Anführungszeichen:
Peter fragt: „Hast du auch …?" …

DU ICH **3** Vergleiche dein aufgeschriebenes Gespräch mit deinem Partnerkind.
Habt ihr an alle Anführungszeichen gedacht?

S. 48 Arbeitsheft

4 Finde zu jedem Redebegleitsatz die wörtliche Rede.
Denke an den Doppelpunkt und an die Anführungszeichen:
Max fragt: „...?"

Max fragt:
Nina jammert:
Die Lehrerin fordert:
Ein Vater lobt:
Lisa berichtet:

DU ICH

5 Begründe deine Lösungen zu Aufgabe 4 deinem Partnerkind:
Hinter dem Satz von Max steht ein Fragezeichen, deshalb ...

6 Schreibe den Text mit anderen Verben als **sagen**.
Setze die wörtliche Rede in Anführungszeichen:
Mutter berichtet: „Ich habe euch ..."

Mutter sagt: Ich habe euch eine Kiste
mit Verkleidungssachen herausgestellt.
Marie sagt: Super!
Hannes sagt: Da ist ja gar kein Piratenkostüm drin!
Max sagt: Aber es gibt so viele andere tolle Kostüme.
Marie sagt: Ich habe Mäuseohren für mich gefunden!
Hannes sagt: So niedlich siehst du sonst nicht aus!
Hannes sagt: Ich verkleide mich als Katze,
dann darf ich dich jagen!

Einen Sachtext planen

1 Lies den Text über Spanien. Schreibe die Mind-Map in dein Heft. Ergänze sie mit den passenden Informationen. Die farbigen Markierungen helfen dir dabei.

Spanien liegt im Südwesten Europas. Einige Inseln im Mittelmeer, wie zum Beispiel Mallorca oder Ibiza, gehören auch zu Spanien. Im Westen grenzt Spanien an Portugal, im Nordosten an Frankreich. Die größte Stadt von Spanien heißt Madrid. Sie ist auch die Hauptstadt. Sie liegt ziemlich genau in der Mitte von Spanien und hat über drei Millionen Einwohner. In ganz Spanien leben ungefähr 47 Millionen Menschen. Im Sommer ist es in Spanien oft sehr heiß und trocken. Die Winter sind meist mild. Viele Menschen fahren gern nach Spanien in den Urlaub. Man kann dort im Meer baden, wandern und Städte besichtigen. In Spanien gibt es riesige Gewächshäuser, in denen viele verschiedene Sorten von Obst und Gemüse wachsen. In den Bergen von Spanien leben sogar Wölfe und Braunbären! Der beliebteste Sport in Spanien ist Fußball. Ein besonders bekannter spanischer Tanz ist der Flamenco.

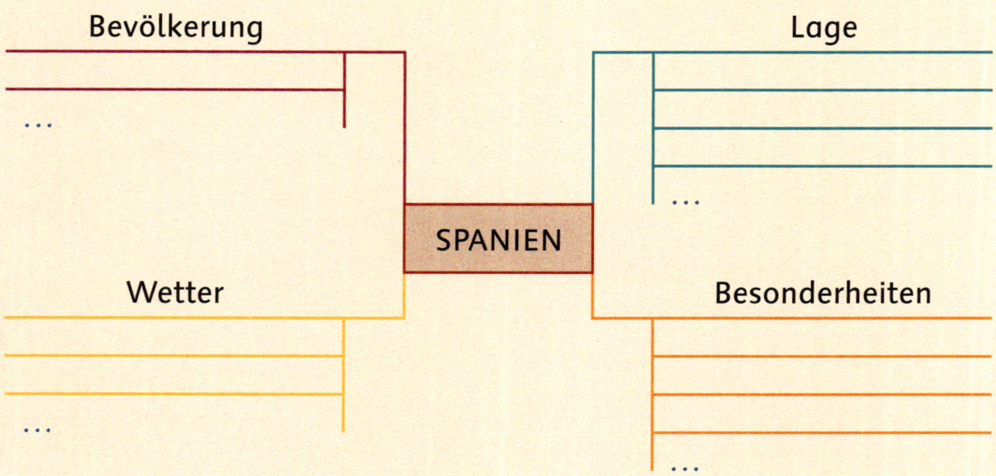

S. 50 Arbeitsheft

DU ICH

2 Lina plant einen Sachtext über Polen. Sie hat dazu eine Mind-Map angelegt. Hat Lina die Mind-Map richtig ausgefüllt? Diskutiere mit deinem Partnerkind darüber. Beachtet die Überschriften und die Zuordnung der Informationen.

POLEN

Bevölkerung
- 38 Millionen
- Manche Polen können nicht schwimmen.

Lage
- Hauptstadt Warschau
- östlicher Nachbar Deutschlands

Regierung
- grenzt an die Ostsee
- eines der ältesten Parlamente der Welt (1493)

Besonderheiten
- Polnische Hühner legen Eier.
- Tiere wie Braunbär und Wisent leben hier noch.

3 Plane einen Text über Griechenland. Suche im Internet oder in Büchern nach Informationen: Lage, Bevölkerung, Währung, Besonderheiten, …

4 Ordne deine Informationen in einer Mind-Map oder auf einem Stichwortzettel.

Stichworte für Sachtexte finden

1 Schreibe alle Stichworte ab,
die zu der abgebildeten Sportart passen:
- Puck (= Spielscheibe) muss ins Tor
- ...

- Ball darf einmal den Boden berühren
- Puck (= Spielscheibe) muss ins Tor
- rechteckiges Spielfeld
- mit Netz in der Mitte
- Spielfeld mit abgerundeten Ecken
- Spieler gut gepolstert
- wird oft auf Rasen gespielt
- wird auf Eis gespielt
- Schläger mit Saiten
- Einzelspieler
- Mannschaftssport
- Torhüter und fünf Feldspieler
- flache Hartgummischeibe
- Spielzeit ist in drei Drittel unterteilt

2 Schreibe den Text mit passenden Stichworten aus Aufgabe 1.

Eishockey ist eine alte Sportart.
Es ist ein ___ und wird auf ___ gespielt.
Mit dem gebogenen Schläger müssen die Spieler
einen ___ ins gegnerische Tor schieben.
Sie spielen auf einem Spielfeld mit ___.
In einer Mannschaft spielen ___.
Zur Sicherheit sind die Spieler ___.
Die Spielzeit ist in ___ unterteilt.

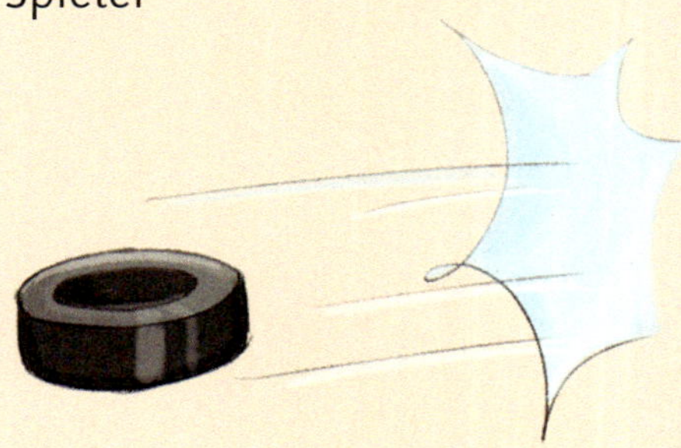

3 Wie heißt die Sportart, zu der
die übrig gebliebenen Stichworte gehören?
Berichte deinem Partnerkind.

S. 52 Arbeitsheft

4 Lies die Stichworte über die Sportart Badminton.
Ein Stichwort passt nicht.

- englisches Wort für Federball
- wird als Sportart in der Halle gespielt
- Feld kleiner als Tennisfeld
- Netz in der Mitte,
  etwa 1,50 Meter hoch
- wird mit Schlägern gespielt
- Schläger dünner und leichter
  als Tennisschläger
- Ball mit Spitze aus Kork
- Gänse- oder Entenfedern
- Ball muss den Boden berühren
- man muss schnell und beweglich sein

5 Schreibe nur mit Hilfe der passenden Stichworte einen
kleinen Text über Badminton:
Badminton ist das englische Wort für …

6 Wähle eine Sportart. Sammle Stichworte.
Schreibe einen kleinen Text über die gewählte Sportart.

Texte zusammenfassen

1 Lies den Text.

Bis Fahrräder so aussahen wie heute, hat es lange gedauert. 1817 erfand Freiherr Drais von Sauerbronn das erste Laufrad. Es hatte einen Lenker und war aus Holz, die Holzräder waren mit Eisen beschlagen. Man konnte damit die Geschwindigkeit eines galoppierenden Pferdes erreichen.

Es ist nicht ganz sicher, welcher Franzose um 1860 als Erster ein Pedal an ein Laufrad anbaute, es war entweder Michaux oder Lallement. Der Amerikaner Goodyear entdeckte 1839, wie man aus dem Pflanzensaft Kautschuk Gummi herstellen kann. Der Brite Dunlop und der Franzose Michelin entwickelten in den Jahren 1888 und 1889 luftgefüllte Gummireifen.

Außerdem wurden leichtere Speichenräder erfunden und die Kette zur Übertragung der Tretkraft auf das Hinterrad. Heute ist das Fahrrad ein ausgefeiltes technisches Produkt.

DU ICH

2 In einer Zusammenfassung stehen die wesentlichen Informationen eines Textes. Lest die Zusammenfassungen. Welche ist besser? Besprich dich mit deinem Partnerkind.

Es hat lange gedauert, bis das Fahrrad aussah wie heute. Das erste Laufrad war aus Holz.
Damit war man so schnell wie ein galoppierendes Pferd, das mit Eisen beschlagene Hufe hat. Michaux baute an das Rad Pedale und ein Amerikaner erfand luftgefüllte Reifen.

Zur Entwicklung des Fahrrades haben viele Erfinder beigetragen. Freiherr Drais entwickelte 1817 das Laufrad aus Holz. In Frankreich wurde das Pedal erfunden und nachdem der Amerikaner Goodyear ein Verfahren zur Herstellung von Gummi entdeckt hatte, erfanden der Franzose Michelin und der Brite Dunlop fast gleichzeitig luftgefüllte Reifen. Später kamen noch einige Erfindungen hinzu.

S. 54 Arbeitsheft

3 Fasse den Text zusammen. Die Markierungen helfen dir.

Zwischen 1850 und 1900 arbeiteten viele Erfinder an Motoren. Carl Benz wurde 1844 als Sohn eines Lokführers geboren. Er studierte Maschinenbau und wollte ein selbstbewegliches Fahrzeug bauen, das ohne Schienen fuhr. Selbstbeweglich heißt auf Griechisch Automobil.

Da die Lenkung ein schwieriges Problem darstellte, baute er einen dreirädrigen Wagen. 1886 wurde dieser Motorwagen zum Patent angemeldet. Ein Patent schützt ein Produkt davor, dass es einfach nachgebaut wird. Zuerst wurde der Wagen von Carl Benz belächelt. Das änderte sich erst, als seine Frau Bertha 1888 die erste Fernfahrt der Automobilgeschichte unternahm: Sie fuhr mit ihren zwei Söhnen von Mannheim nach Pforzheim.

4 Schreibe zum folgenden Text eine Zusammenfassung.

Der Heißluftballon ist das älteste Luftfahrzeug, das es gibt. Er wurde von den französischen Brüdern Montgolfier erfunden. Sie leiteten eigentlich eine Papierfabrik, die in Familienbesitz war, interessierten sich aber auch für die Luftfahrt.

Sie experimentierten damit, eine Hülle mit „leichter Luft" zu füllen und dadurch steigen zu lassen. Dabei verwendeten sie zum Beispiel Wasserdampf. Schließlich glaubten sie, dass Rauch den Ballon steigen lässt. Tatsächlich ist es aber die heiße Luft, die leichter ist als kalte Luft und deshalb nach oben steigt.

Im Juni 1783 ließen sie den ersten Ballon vor Publikum steigen. Vor den Augen König Ludwigs des XVI. stiegen im September drei Tiere in die Luft: ein Schaf, eine Ente und ein Hahn. Im November 1783 fand die erste Fahrt eines Heißluftballons mit Menschen an Bord statt. Seitdem können Menschen fliegen.

Texte verstehen und erschließen

1 Lies den Text. Schreibe die markierten Wörter auf. Lass unter jedem Wort zwei Zeilen frei.

Fuchs, du hast die Gans gestohlen? Pah – wie langweilig. Im Örtchen Föhren in Rheinland-Pfalz hat es eine Fähe auf Schuhe abgesehen:

Mehr als 120 Pantoffeln, Latschen, Boots, Gummi-, Arbeits- und Wanderstiefel hat das Tier im vergangenen Jahr aus Gärten, Hauseingängen und von Terrassen stibitzt und im Schutz der Dunkelheit in seinen Fuchsbau geschleppt.

Erst kürzlich entdeckte nun ein Förster das versteckte Diebesgut. Die räuberische Fuchsdame, die den Bau mit ihren Jungen bewohnt, traf er nicht an – sie war nicht zu Hause. Immerhin aber hatte sie die Schlappen und Stiefel pfleglich behandelt. „Manche sehen aus wie neu", sagte der Förster.

2 Hier siehst du Erklärungen für die markierten Wörter im Text. Schreibe jeweils die richtige Erklärung unter die Wörter in deinem Heft.

etwas stehlen, wegnehmen; auf listige Weise an sich bringen	Beruf einer Person, die sich um den Wald und die Wildtiere kümmert
Ein Schuh, der bis über den Fußknöchel reicht	Die Bezeichnung der Jäger für einen weiblichen Fuchs

DU ICH **3** Besprich dich mit deinem Partnerkind. Habt ihr dieselben Erklärungen zu den Wörtern geschrieben?

S. 56 Arbeitsheft

4 Lies den Text. Informiere dich über die markierten Wörter und über weitere Wörter, die du nicht verstehst: im Lexikon, im Internet, bei Erwachsenen, ...

Boot plus Segel gleich Segelboot. Und Frachter plus Drachen? Na klar: Drachenfrachter! Von Bremerhaven startete 2008 das erste Schwergutfrachtschiff, das nur zum Teil von einem Schiffsdiesel angetrieben wird – den Rest übernimmt ein riesiger Zugdrachen.

Der schwebt 100 bis 300 Meter über dem Meer und ist durch ein dickes Seil mit dem Schiff verbunden. Dieser Gleitschirm gibt dem Frachter bei guten Windverhältnissen so viel Schub, dass das Schiff rund ein Drittel weniger Treibstoff verbraucht! Das lohnt sich für die Reederei, weil sie weniger tanken muss und so an den Kosten für Treibstoff sparen kann. Außerdem ist es gut für die Natur, wenn weniger Abgase von Menschen produziert werden und in die Atmosphäre gelangen.

Und auch für Flauten ist der Drachenfrachter bestens gerüstet: Ein Sensor unter dem Schirm sendet Daten an die Besatzung und informiert sie über schlechte Windverhältnisse. Dann holt eine Motorwinde den Schirm ein. In Windeseile, versteht sich.

5 Beantworte die Fragen mit Hilfe des Textes.

Warum fliegt der Drachen im Wind nicht davon?

Aus welchen Gründen lohnt sich ein Drachenfrachter?

Wie viel Treibstoff kann man bei gutem Wind einsparen?

Was passiert bei Windstille?

Steckbriefe schreiben

1 Lies den Text über Lavendel.

Lavendel ist ein immergrüner verzweigter Strauch, der bis zu 100 cm groß werden kann. Die langen Triebe sind mit nadelförmigen, grau behaarten Blättern besetzt. Die schmalen, blauvioletten Blüten sitzen am Ende der Stängel, ähnlich wie die Ähren beim Getreide.

Ursprünglich kommt der Strauch aus den Mittelmeerländern. Vor allem in Südfrankreich wird er auf großen Feldern angebaut. Er liebt eher trockene, kalkhaltige und sandige Böden. Die Pflanze blüht von Juni bis August. Die Blüten duften sehr stark. Deshalb wird aus ihnen Lavendelöl gewonnen, das in Parfüm und Waschmitteln oder Seifen verwendet wird. Getrocknete Lavendelblüten kann man in Duftsäckchen in den Schrank legen, damit die Kleider gut riechen. Außerdem soll der Duft des Lavendels Motten vertreiben. Man verwendet nur die Blüten. Die schwarzbraunen kleinen Samenkörner werden nur zur Vermehrung benutzt.

2 Schreibe den Steckbrief ab. Ergänze die fehlenden Stichworte:
Name: Lavendel
...

Name:
Herkunft:
Größe:
Aussehen:
Blüten:
Blütezeit:
Standort:
Verwendung:
Früchte:

S. 58 Arbeitsheft

3 Schreibe mit Hilfe des Steckbriefes einen Text über die Ringelblume:
Die Ringelblume wird auch Calendula genannt. …

Name:	Ringelblume, auch Calendula genannt
Herkunft:	vermutlich Mittelmeerländer, in ganz Europa verbreitet
Größe:	bis 50 cm
Aussehen:	behaarte Stängel, längliche Blätter
Blüten:	gelb-orange
Blütezeit:	Mai bis November
Standort:	sandige Böden
Verwendung:	Salbe aus den Blüten hilft bei der Heilung von Wunden
Früchte:	kleine, geringelte Samen, etwa 1 cm groß, gaben der Pflanze den Namen

4 Welche Punkte sind für einen Pflanzensteckbrief wichtig, welche für einen Tiersteckbrief, welche für beide? Ordne zu:
Pflanzensteckbrief: …
Tiersteckbrief: …

Name Herkunft Größe Aussehen Besonderheiten
Blüten Standort Verwendung Früchte
Lebensraum Verhalten Nahrung Feinde

G **5** Wählt ein Tier oder eine Pflanze. Schreibt Steckbriefe.
Gestaltet mit den Steckbriefen Tierplakate und Pflanzenplakate.

Briefe überarbeiten

1 Lies den Brief von Max.

Anrede — Datum

Liebe Oma, 24.10.2014

gestern hatte ich zum ersten Mal den neuen Pullover an, den du mir geschenkt hast. Er passt wirklich ganz genau und ist kuschelig warm! Vielen Dank, ich freue mich sehr! Morgen darf ich mit Papa zum ersten Mal zum Eislaufen. Da kann ich ihn auch anziehen, denn in der Eishalle ist es kalt. Ich freue mich, wenn wir uns wiedersehen. Grüße Opa von mir.

Viele liebe Grüße — Gruß
dein Max

Absender — Briefmarke

Max Maier
Mozartweg 6
69999 Seilingen

An
Margarete Maier
Hahnstr. 37
89899 Bauersdorf — Adresse

2 Schreibe einzelne Informationen aus dem Brief auf:
Datum: …

Datum | Anrede | Gruß | Adresse | Absender

S. 60 Arbeitsheft

3 Schreibe einen der Briefe ab.
Setze in die Lücken passende Wörter ein.

du • dir • deinen • dich • deine

Sie • Ihre • Ihren • Ihnen

Liebe Teresa,

vielen Dank für ___ schönen Brief. ___ kannst ___ denken, dass ich mich sehr gefreut habe, weil ich in der neuen Schule noch nicht so viele Kinder kenne. Ich vermisse ___ und die anderen sehr. Wenn ___ in den Ferien kommst, zeige ich ___ alles.

Viele Grüße
___ Carolina

Sehr geehrter Herr Keller,

vielen Dank, dass ___ unsere Klasse zum Vorlesen besucht haben. ___ Geschichten waren sehr interessant. Wir konnten uns gut vorstellen, was ___ alles erlebt haben. Für ___ Arbeit wünschen wir ___ alles Gute. Besuchen ___ uns bald wieder und grüßen ___ ___ Hund!

Viele Grüße
___ Klasse 3b

4 Schreibe selbst einen Brief.
- Wähle aus, wem du schreiben willst.
- Überlege, was du schreiben willst.

DU ICH

5 Wie hat dein Partnerkind seinen Brief geschrieben?
Überarbeitet eure Briefe:
- Habt ihr an das Datum, eine passende Anrede und einen Gruß gedacht?
- Habt ihr auf den Unterschied zwischen gesprochener und geschriebener Sprache geachtet?
- Habt ihr an alle Satzzeichen gedacht und die Satzanfänge großgeschrieben?

Erzählende Texte sinnvoll aufbauen 1

DU ICH **1** Lies deinem Partnerkind die drei Texte vor.
Dein Partnerkind hört genau zu. Es achtet beim Zuhören bei jedem Text auf die Fragen **Wer? Wann? Wo?**

Lies langsam und deutlich vor!

Am Samstag holten mich meine Freunde Lisa und Jonas mit ihren Fahrrädern ab. Ich packte meine Badesachen auf den Gepäckträger und dann ging es los zum Badesee.

Wir trafen uns am Samstag. Ich hatte ein dickes Seil mitgebracht, denn wir wollten auf den Baum klettern.

Es war Samstag und endlich schulfrei. Ich hatte mich mit meinen Freunden Lisa und Jonas verabredet. Wir wollten unbedingt einmal auf den alten Birnbaum klettern. Ich hatte extra ein dickes Seil besorgt.

Tipp: Schreibe beim Zuhören Stichwörter zu den Fragen **Wer? Wann? Wo?** auf!

DU ICH **2** Was hat dein Partnerkind über die Erzählsituation der drei Texte herausgefunden? Beantwortet die Fragen.

DU ICH **3** Jetzt liest dein Partnerkind den Text vor.
Achte beim Zuhören genau darauf, was im Text passiert.

Jonas warf das Seil über den tiefsten Ast. Wir schafften es, einen Knoten hineinzumachen. Mit Hilfe des Seiles kletterten wir auf den Baum hinauf. Ich kletterte zuerst auf die nächsten Äste. Jonas und Lisa folgten. Als wir schon so hoch waren, dass wir auf unser Hausdach sehen konnten, knackte es unter mir plötzlich laut. Erschrocken klammerte ich mich an den Ast über mir. Ich schrie …

DU ICH **4** Berichte deinem Partnerkind davon, was im Text passiert.
Überlegt gemeinsam, welcher Anfang am besten zu diesem Ereignis passt.

5 Schreibe die ganze Geschichte auf. Ergänze einen passenden Ausgang.

WIR **6** Lest eure Geschichten in der Klasse vor. Gefallen euch die Geschichten?
Begründet eure Meinungen: *Die Geschichte hat mir gefallen, weil …*
Vielleicht könntest du aber … *Es wäre nett, wenn du …*

S. 62 Arbeitsheft

7 Lies die Geschichte. Notiere dir Antworten zu den Fragen **Wer? Wann? Wo?**

Wir ließen uns vor allem im Raubtierhaus viel Zeit. Die kleinen Tiger kletterten über ihre Mutter und tollten wie wild herum. Vom Stehen müde geworden, setzten wir uns in eine Nische gegenüber dem Käfig. Die anderen Besucher hatten das Raubtierhaus schon verlassen und so war es schön ruhig. Jana sah auf die Uhr. „Oh, schon halb acht. Wir müssen dringend nach Hause!" Unwillig raffte ich mich auf und ging Julia hinterher. Sie rüttelte an der Eingangstür und drehte sich um: „Abgeschlossen." In ihren Augen sah ich Angst.

8 Schreibe mithilfe deiner Notizen und den Stichwörtern einen passenden Anfang und einen passenden Ausgang zur Erzählsituation aus Aufgabe 7.

laut rufen | eilige Schritte | gegen die Tür hämmern | weinen | Tierpfleger | Schlüssel klappert | zum Glück

9 Lest eure Geschichten vor. Lest langsam und deutlich. Achtet auf eine gute Betonung. Hört genau zu: Passen Anfang und Ausgang zur Erzählsituation?

10 Schreibe einen Geschichtenanfang. Wähle dazu Textteile aus.

Wo?	Wer?	Wann?	Ereignis?
In einem kleinen alten Haus/ Schloss/ Schiff wohnte	eine kleine alte Hexe.	Eines Tages/ Eines Nachts/ Eines Morgens	passierte etwas Unglaubliches.
	ein fürchterlich aussehender Pirat.		kam ein unerwarteter Gast vorbei.
	…		…

11 Schreibe die Geschichte weiter. Du kannst in Büchern und im Internet nach Ideen für deine Geschichte suchen.

Erzählende Texte planen und schreiben

1 Lies die Geschichte.

Der stolze Ritter Leopold war
mit seinem Knappen Konrad
auf dem Rückweg von einem Turnier.
Er hatte das Turnier gewonnen.
Sie ritten gerade durch einen Wald,
als plötzlich ein großer, grüner Drache
zwischen den Bäumen hervorschoss.
Der Drache kam direkt auf sie zu.

2 Lies die Stichworte. Welche Fortsetzung gefällt dir am besten?
Schreibe die Geschichte weiter.

Leopolds Pferd scheut,
Leopold stürzt,
Drache will ihn verschlingen,
Konrad rettet ihn mit seinem Schwert,
Leopold schlägt Konrad zu Hause zum Ritter

Leopold stürzt sich auf den Drachen,
Drache jagt Konrad hinterher,
Konrad stürzt, ist in großer Gefahr,
Leopold tötet Drachen mit der Lanze,
reiten gemeinsam nach Hause

Leopold erkennt seinen Freund, den Drachen Rufus,
Drache ruft: „Ihr seid in Gefahr,
eure Feinde sind im Wald“,
alle schleichen sich um den Wald herum,
kommen sicher zur Burg, großes Fest wird gefeiert

S. 64 Arbeitsheft

3 Welche Geschichte möchtest du schreiben?
Wähle eine Stichwortsammlung.
Übertrage sie auf ein Blatt und ergänze sie.

…
Lichtung — Räuber
… — **Wald** — …
Pilz — Fuchs
…

…
Jäger — Hunde
… — **Hase** — …
Zirkus — Zylinder
…

4 Schreibe eine Geschichte zu deiner Stichwortsammlung.

5 Überlege dir ein Thema für eine Geschichte.
Erstelle selbst eine Stichwortsammlung dazu.
Schreibe die Geschichte.

WIR

6 Stellt eure Geschichten in der Klasse vor.
Vergleicht eure Geschichten und gebt euch sachliche Rückmeldungen.
Sammelt die Geschichten in euren Portfolios.

Erzählende Texte sinnvoll aufbauen 2

1 Lies den Text und überlege dir eine sinnvolle Reihenfolge. Womit beginnt er? Wie geht er aus? Was passiert dazwischen?

Zum Glück erwischt mich das Pony nicht richtig.
Mein Finger ist rot, aber er blutet nicht.
So haben wir trotzdem noch einen schönen Ausflug.

Am Wochenende mache ich mit meinem Papa eine Wanderung. Nach einer Weile kommen wir an einer Weide mit drei Ponys vorbei.

Da ich Ponys sehr mag, füttern wir die Ponys mit den Karotten, die wir uns mitgenommen haben. Vor allem ein schwarzes Pony ist sehr gierig.

Auf einmal schnappt es nach mir und beißt mich in den Finger. Erschrocken springe ich zurück.

Als alle Karotten weggeputzt sind, will ich es an der Schnauze streicheln.

2 Schreibe den Text in der richtigen Reihenfolge in dein Heft. Beantworte danach die Fragen Wer? Wann? Wo?
Am Wochenende mache ich …

3 Im Text sind Wörter und Satzteile versteckt, die dir helfen eine sinnvolle Reihenfolge zu finden. Unterstreiche sie.
Am Wochenende mache ich …

DU ICH **4** Überprüfe deinen Text mit deinem Partnerkind.

- Habt ihr die gleiche Reihenfolge gewählt?
- Wie habt ihr die Fragen **Wer? Wann? Wo?** beantwortet?
- Welche Wörter und Satzteile habt ihr unterstrichen?

S.66 Arbeitsheft

5 Lies den Anfang und den Ausgang der Geschichte.

Es ist Sonntag und ich gehe mit meinen Eltern und meinem Bruder Felix in eine Ausstellung. Zuerst finden Felix und ich die Ausstellung langweilig. Doch dann stehen wir vor einem großen Bild und schauen es uns genau an. Plötzlich …

„Da seid ihr ja endlich", sagt meine Mutter. „Wir haben euch schon gesucht!" Felix und ich grinsten uns an. Dann fahren wir alle gemeinsam nach Hause.

6 Denke dir ein spannendes oder lustiges Ereignis zum Anfang und Ende der Geschichte aus. Notiere dir zunächst Stichworte.

7 Schreibe deine Geschichte auf. Versuche deine Geschichte spannend und genau zu formulieren.

8 Lies deine Geschichte deinem Partnerkind vor. Achte auf eine passende Betonung. Frage dein Partnerkind: Ist meine Geschichte gelungen? Was kann ich noch besser machen?

9 Welche Stichworte stehen im falschen Teil? Verbessere und schreibe die korrigierte Geschichte auf.

Jonas ins Freibad, Freunde Simon und Jana treffen,
Simons Mutter: „Bleib im flachen Becken!"

Simon kann nicht schwimmen, spielen Fangen,
Simon springt ins tiefe Becken, Jonas springt hinterher,
Simons Mama erleichtert, Eis als Belohnung

Jana landet neben Jonas und Simon, packt mit an,
Simon holt tief Luft, roter Kopf

G **10** Lest eure Geschichten in eurer Gruppe vor. Achtet auf eine passende Betonung. Frage deine Gruppe: Was hat euch gut gefallen? Was kann ich noch besser machen?

Wörtliche Rede in Geschichten

1 Lies den Text.

Es ist Samstagmorgen.
Jonas macht sich auf den Weg
zur Bäckerei.
Unterwegs trifft er Julian
mit seinem jungen Hund Chako.
Chako springt an ihm hoch.
Gemeinsam rennen sie zur
nächsten Wiese und werfen
Chako Stöckchen zu.
Jonas vergisst völlig die Zeit.
Dann saust er los.
Zu Hause warten alle schon.

2 Lies die wörtliche Rede. Überlege, an welchen Stellen du die wörtliche Rede in den Text einsetzen kannst.

„Holst du uns Brötchen, Jonas?", fragt Mama.

„Spiel mit uns!", fordert Julian Jonas auf.

„Oje", sagt Jonas plötzlich. „Ich muss doch zum Bäcker!"

„Wenn's sein muss", brummt er.

Er ruft noch: „Tschüss, ich muss weg!"

Mama sagt: „Da bist du ja endlich! Wo warst du denn?"

3 Schreibe die Geschichte mit der wörtlichen Rede auf:
Es ist Samstagmorgen.
„Holst du uns Brötchen, Jonas?", fragt Mama. …

S. 68 Arbeitsheft

4 Lies die Geschichte. Was sagen Finn und Lara?
Schreibe die Geschichte ab und ergänze die wörtliche Rede:
Finn und seine Schwester …

Finn und seine Schwester Lara stöbern bei den Großeltern auf dem Dachboden. Lara entdeckt in einer Ecke eine geheimnisvolle Kiste.

Leider geht die Kiste nicht auf. Da hat Finn eine Idee.

Neben der Dachbodentür hängen verschiedene Schlüssel.

Aber Finn versucht es allein. Leider ohne Erfolg.

Lara nimmt ihm energisch die Schlüssel aus der Hand.

Das Schloss knackt tatsächlich!

ruft
flüstert
fragt
…

5 Was ist in der Kiste? Wähle eine Möglichkeit und schreibe die Geschichte mit wörtlicher Rede zu Ende.

G

6 Lest eure Geschichten in eurer Gruppe vor. Achtet auf die richtige Betonung. Gebt euch eine sachliche und begründete Rückmeldung zu euren Geschichten.

Texte überarbeiten 1

1 Setze die passenden Satzanfänge ein und schreibe den Text ab. Mit dem Computer kannst du unterschiedliche Satzanfänge ausprobieren: Neulich war …

Da • Plötzlich • Deshalb

Anschließend • Leise • Langsam

Neulich war Maria gerade auf dem Weg in die Schule.
▢ sah sie hinter einem Zaun einen großen Hund.
▢ bekam Maria Angst, denn der Zaun war niedrig.
▢ traute sie sich nicht, an dem Garten vorbeizugehen.
Der Hund sah sie neugierig an.
▢ fasste Maria Mut.
▢ sprach sie mit dem Hund.
▢ ging sie langsam am Garten vorbei.
Der Hund schaute Maria hinterher.

2 Schreibe den Text ab. Ersetze diese Nomen durch Pronomen. Unterstreiche die Pronomen: Maria hatte große Angst …

Sie • ihren • sie • ihn • ihrer • Er

Maria hatte große Angst vor dem Hund.
Da kam die Besitzerin des Hundes.
Die Besitzerin sagte: „Mein Hund und ich gehen spazieren. Kommst du mit?“ Maria nickte.
Der Hund schnüffelte an Marias Beinen.
Mutig streichelte Maria den Hund.
Der Hund schleckte an Marias Hand.
Die Hundebesitzerin sagte zu Maria:
„Du brauchst keine Angst zu haben.
Der Hund lernt dich gerade kennen.“

S. 70 Arbeitsheft

3 Schreibe den Text ab. Überarbeite die Sätze so, dass sie nicht immer mit **Er** oder **Kevin** anfangen:
Seit zwei …

Kevin | ist | seit zwei Jahren | Fußballtorwart.

Kevin | geht | jeden Mittwoch | zum Training.

Er | findet | es | dort | sehr anstrengend.

Er | ist | danach | oft | müde, aber zufrieden.

Kevins Mannschaft | spielt | am Wochenende

oft | gegen andere Mannschaften.

4 Es gibt verschiedene Möglichkeiten, den Satz umzustellen. Schreibe alle Möglichkeiten auf, die du findest:
Kevin hat …

beim letzten | Fußballspiel | hat | Kevin

erfreulicherweise | alle Bälle | gehalten

5 Schreibe die Sätze ab. Ersetze gleiche Verben durch andere Verben aus den Wortfeldern **sehen** und **gehen**:
Der Jäger beobachtet …

Der Jäger sieht die Rehe.
Der Künstler sieht sein neues Bild an.
Max sieht eine Maus unter dem Busch.
Die Kinder gehen hinter den Pferden her.
Die Indianer gehen vorsichtig durch den Wald.
Meine Eltern gehen durch die Stadt
und sehen sich Schaufenster an.

6 Schreibe alle Wörter zum Wortfeld **sagen** auf, die dir einfallen.

Texte überarbeiten 2

ICH **1** Simon hat eine Geschichte geschrieben und will sie überarbeiten. Seine Mitschüler geben ihm Tipps. Lies die Tipps.

ICH **2** Lies Simons Geschichte. Schreibe sie in dein Heft.

...

Hoch über einer Statt thront eine Burg. Die Burg hat Türme und Erker. Hoch dort oben wohnen Riter Roland, die Burgfrau Rosalinde und der Koch Reginald. Hinter dem Burggraben mit der Zugbrücke liegt etwas versteckt ein Rübenfeld. Das Rübenfeld wird von einer Vogelscheuche bewacht. Es passieren jedoch seit einiger Zeit sehr merckwürdige Dinge. Es verschwinden jede Nacht drei Rüben. „Ich möchte wissen, wer sich die Rüben holt“, sagt Rosalinde zu Roland. „Einer von uns muss sich auf die Lauer legen“, sagt Roland. „Das mache ich morgen Nacht“, sagt Rosalinde.

Überarbeite den Text in deinem Heft mithilfe der Tipps. Streiche durch, was du verbessern willst und schreibe

G **3** Lest die überarbeitete Geschichte in eurer Gruppe vor. Vergleicht eure Lösungen und gebt euch sachliche Rückmeldungen.

S. 70 Arbeitsheft

ICH **4** Lies, wie die Geschichte weitergeht.

Auf der Lauer

Burgfrau Rosalinde will dem Dieb auf die Schliche kommen, der jede Nacht drei Rüben von ihrem Acker stiehlt. Burgfrau Rosalinde geht am nächsten Abend zum Acker und legt sich auf die Lauer. Burgfrau Rosalinde hört nach kurzer Zeit ein merkwürdiges Geräusch. Eine Gestalt geht zum Acker und zieht drei Rüben heraus. Sie geht weiter. Rosalinde geht ihr heimlich nach.

DU ICH **5** Sprich mit deinem Partnerkind über den Text:
Was gefällt euch gut? Was möchtet ihr ändern?
Überarbeitet die Geschichte. Denkt an die Tipps von Seite 156.

G **6** Lest die überarbeitete Geschichte in eurer Gruppe vor.
Vergleicht eure Lösungen und gebt euch sachliche Rückmeldungen.

ICH **7** Lies, wie die Geschichte weitergeht.
Überarbeite den Text in deinem Heft.
Achte besonders auf die Rechtschreibfehler!

Die Burgfrau Rosalinde schleicht hinter dem Dieb her, der die drei Rüben von ihrem Feld gestohlen hat. Rosalinde sieht, wie der Dieb in einer kleinen Seitentür der Burk verschwindet. Rosalinde sieht, dass der Dieb in die Kamer neben der Burgküche huscht. Rosalinde reißt die Tür auf und ruft: „Hab ich dich, du Rübendieb!" Der Koch Reginald drückt erschrocken die drei Rüben an sich. „Reginald, warum stiehlst du heimlich Rüben?", fragt Rosalinde. Reginald antwortet, dass er einen Geburtstagskuchen für Ritter Roland backen will. Er will den Ritter damit überraschen. Er braucht für den Kuchen Rübensirup. Er muss das Backen noch üben. Deshalb hat er jede Nacht neue Rüben gebraucht. So löst Burgfrau Rosalinde das Retsel um den Rübendieb!

ICH **8** Ergänze an passenden Stellen wörtliche Rede.
Schreibe den gesamten Text noch einmal überarbeitet ab.

Gedichte

1 Lies das Gedicht. Lerne es auswendig.
Bis wann schaffst du das?

Die Krähe trägt ein schwarzes Kleid
jahrein, jahraus und alle Zeit.
Tagtäglich krächzt sie: „Ich bin da!"
Mit krähenschwarzem Krak-krah-krah.

Josef Guggenmos

2 Wähle ein Tier. Schreibe das Gedicht um.
Gestalte ein passendes Schmuckblatt:
Der Esel trägt ein graues …

G

3 Tragt eure Gedichte in eurer Gruppe mit Betonung vor.
Was gefällt euch an euren Gedichten?

4 Diese Gedichtform nennt man Rondell. Schreibe das Gedicht ab.
Schreibe gleiche Zeilen mit der gleichen Farbe:
Ein kleiner Vogel sitzt im Busch versteckt.
Er zwitschert ohne …

Ein kleiner Vogel sitzt im Busch versteckt.
Er zwitschert ohne Unterlass.
Die Sonne streift die Blätter.
Ein kleiner Vogel sitzt im Busch versteckt.
Im Bachbett plätschert Wasser.
Am Ufer rascheln Mäuse.
Ein kleiner Vogel sitzt im Busch versteckt.
Er zwitschert ohne Unterlass.

S. 72 Arbeitsheft

5 Baue aus diesen Zeilen ein Rondell.
Wähle zuerst die Zeilen aus, die sich wiederholen sollen.
Oder: Denk dir eigene Zeilen aus.

Pferde toben auf der Weide.
Wind treibt Wolken über den Himmel.
Regen wird bald fallen.
Sie schnauben und wiehern.
Die Luft ist kühl und feucht.

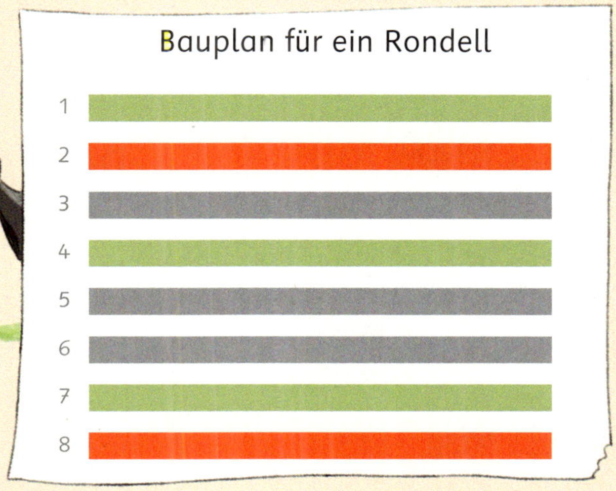

6 Wähle ein Thema. Schreibe ein Rondell nach dem Bauplan.
Schreibe zuerst den Satz für die Zeilen 1, 4 und 7.
Überlege dann, was noch zu diesem Satz passt.

Tiere

Jahreszeiten

Menschen

G **7** Tragt eure Gedichte in eurer Gruppe mit Betonung vor.
Was gefällt euch an euren Gedichten?

Wörterliste

A/a

ab
der Abend, die Abende
abends
ähnlich
allein
alt, älter
am
an
andere
der Anfang, die Anfänge
anfangen, er fängt an, er fing an
ängstlich
der Apfel, die Äpfel
der April
arbeiten, er arbeitet
ärgerlich
der Arm, die Arme
der Arzt, die Ärzte
der Ast, die Äste
aufpassen, sie passt auf
aufstehen, sie steht auf, er stand auf
das Auge, die Augen
der August
außer
das Auto, die Autos

B/b

das Baby, die Babys
backen, sie **backt**
der Bäcker, die Bäcker
das Bad, die Bäder
baden, er badet
die Bahn, die Bahnen
bald
der Ball, die Bälle
der Ballon, die Ballons
das Band, die Bänder
die Bank, die Bänke
basteln, sie bastelt
bauen, sie baut
der Bauer, die Bauern
der Baum, die Bäume
die Beere, die Beeren
das Beet, die Beete
beide
beißen, er beißt, er biss
das Beispiel, die Beispiele
beobachten, er beobachtet
der Berg, die Berge
der Bericht, die Berichte
berichten, sie berichtet
besser
bestellen, er bestellt
am besten
der Besuch, die Besuche
besuchen, er besucht
das Bett, die Betten
bezahlen, sie bezahlt
das Bild, die Bilder
bilden, sie bildet
der Bildschirm
billig
bin
bis
du **bist**
bitten, sie bittet
das Blatt, die Blätter
bleiben, er **bleibt,** er **blieb**
der Blitz, die Blitze
blitzen, es blitzt
blühen, sie blüht
die Blume, die Blumen
die Blüte, die Blüten
der Boden, die Böden
das Boot, die Boote
böse
brauchen, sie braucht
braun
brav
breit
brennen, es brennt, es brannte
der Brief, die Briefe
die Brille, die Brillen
bringen, er bringt, er brachte
das Brot, die Brote
die Brücke, die Brücken
der Bruder, die Brüder
brummen, sie brummt
das Buch, die Bücher
bunt
der Bus, die Busse
die Butter

C/c

der Christ, die Christen
der Computer, die Computer

D/d

danken, sie dankt
dann
darauf
darüber
dein, deinem, deinen
dem
den
denken, sie denkt, sie dachte
denn
deutsch, deutsche, deutsches
Deutschland
der Dezember
dick
dies, diesem, diesen
das Ding, die Dinger
dir
donnern, es donnert
das Dorf, die Dörfer
dort
der Drache, die Drachen
draußen
drehen, er dreht
drei
drucken, er druckt
dumm, dümmer
dunkel

dünn
durch
dürfen, er darf, er durfte

E/e

die Ecke, die Ecken
eckig
ehrlich
das Ei, die Eier
ein, einem, einen
einige
einmal
die Eltern
eng
entdecken, sie entdeckt
die Erde
erklären, er erklärt
erlauben, sie **erlaubt**
das Erlebnis, die Erlebnisse
ernten, er erntet
erschrecken, er **erschrickt,** er **erschrak**
erst, erste
erzählen, sie **erzählt**
essen, er **isst,** er **aß**
etwas
euch
euer, eure, eurem, euren

F/f

fahren, sie **fährt,** sie **fuhr**
das Fahrrad, die Fahrräder
die Fahrt, die Fahrten
fallen, er **fällt,** er **fiel**
falsch
die Familie, die Familien
fangen, sie fängt, sie fing
fassen, er fasst
der Februar
fehlen, sie fehlt
der Fehler, die Fehler
die Feier, die Feiern
feiern, er feiert
das Feld, die Felder
das Fenster, die Fenster
die Ferien
fernsehen, er sieht fern, er sah fern
fertig
fest
das Fest, die Feste
festlich
feucht
das Feuer, die Feuer
finden, er findet, er fand
der Finger, die Finger
der Fisch, die Fische
die Flasche, die Flaschen
das Fleisch
der Fleiß
fleißig
fliegen, sie fliegt, er flog
fort
die Frage, die Fragen
fragen, er fragt
die Frau, die Frauen
die Freizeit, die Freizeiten
fremd
fressen, es frisst, es fraß
sich freuen, sie freut sich
der Freund, die Freunde
die Freundin, die Freundinnen
freundlich
frieren, er friert, er fror
frisch
froh
fröhlich
früh, früher
der Fuchs, die Füchse
der Frühling
der Fuß, die Füße
der Fußball, die Fußbälle
das Futter
füttern, sie füttert

G/g

ganz, ganzem, ganzen
der Garten, die Gärten
geben, er **gibt,** sie **gab**
der Geburtstag, die Geburtstage
gefährlich
gefallen, er gefällt, er gefiel
gegen
gehen, er **geht,** sie **ging**
gehören, es **gehört**
gelb
das Geld, die Gelder
genau, genauer
genug
gerade
gern
die Geschichte, die Geschichten
das Gesicht, die Gesichter
gestern
gesund
gewinnen, er gewinnt, er gewann
das Gewitter, die Gewitter
glänzen, sie glänzt
das Glas, die Gläser
glatt
gleich
das Glück
glücklich
graben, er gräbt, er grub
das Gras, die Gräser
gratulieren, er gratuliert
groß
die Größe, die Größen
grün
die Gruppe, die Gruppen
gruselig
der Gruß, die Grüße
grüßen, sie grüßt
die Gurke, die Gurken

H/h

das Haar, die Haare
haben, du hast, er hat
der Hahn, die Hähne
der Hals, die Hälse
halten, sie **hält,** sie **hielt**
die Hand, die Hände
das Handy, die Handys
hängen, es hängt, es hing
hart

sie hatte
das Haus, die Häuser
heben, sie hebt, er hob
das Heft, die Hefte
heilig
heiß
heißen, er **heißt,** er **hieß**
helfen, sie **hilft,** sie **half**
hell
heraus
der Herbst
herein
der Herr, die Herren
das Herz, die Herzen
heute
hier
der Himmel
hin
hinaus
hinein
das Hobby, die Hobbys
hoch, hohe, höher
der Hof, die Höfe
hohl
die Höhle, die Höhlen
holen, er holt
das Holz, die Hölzer
die Homepage
hören, er hört
die Hose, die Hosen
der Hund, die Hunde
hungrig
hüpfen, sie hüpft

I/i

der Igel, die Igel
ihm
ihn
ihnen
ihr, ihre, ihrem, ihren
im
in
immer
die Information, die Informationen
der Inliner, die Inliner
ins

J/j

die Jacke, die Jacken
jagen, er jagt
der Jäger, die Jäger
das Jahr, die Jahre
der Januar
jede, jedem, jeden, jeder
jetzt
der Juli
der Junge, die Jungen
der Juni

K/k

der Käfer, die Käfer
der Kaffee
der Käfig, die Käfige
kalt
der Kamm, die Kämme
kämmen, sie kämmt
die Kanne, die Kannen
die Karte, die Karten
die Kartoffel, die Kartoffeln
die Katze, die Katzen
kaufen, er **kauft**
kein, keinem, keinen
kennen, er kennt, sie kannte
die Kerze, die Kerzen
die Kette, die Ketten
das Kind, die Kinder
kippen, es kippt
der Kirchturm, die Kirchtürme
die Klasse, die Klassen
das Kleid, die Kleider
klein
klettern, er klettert
klopfen, sie klopft
der Koffer, die Koffer
kommen, er **kommt,** sie **kam**
können, sie **kann,** sie **konnte**
der Kopf, die Köpfe
der Korb, die Körbe
krank
der Kreis, die Kreise
kriechen, er kriecht, er kroch
die Küche, die Küchen
der Kuchen, die Kuchen
die Kuh, die Kühe
kühl
kurz

L/l

lachen, er **lacht**
der Laib, die Laibe
die Lampe, die Lampen
das Land, die Länder
lang, länger
langsam
langweilig
lassen, sie **lässt,** sie **ließ**
das Laub
laufen, er **läuft,** sie **lief**
laut
leben, sie lebt
lecken, er leckt
lecker
leer
legen, er legt
der Lehrer, die Lehrer
die Lehrerin, die Lehrerinnen
leicht
lernen, sie lernt
lesen, er **liest,** sie **las**
letzte, letzten, letzter
leuchten, es leuchtet
das Lexikon, die Lexika
das Licht, die Lichter
lieben, sie **liebt**
das Lied, die Lieder
liegen, er **liegt,** sie **lag**
links
das Loch, die Löcher
der Löffel, die Löffel
lösen, sie löst
die Luft, die Lüfte
luftig
lustig

M/m

machen, sie **macht**
das Mädchen, die Mädchen
mähen, er mäht
mahlen, sie mahlt
der Mai
malen, er malt
man
manche, manchen, manches
manchmal
der Mann, die Männer
das Märchen, die Märchen
der März
die Maschine, die Maschinen
die Mathematik
das Meer, die Meere
das Mehl
mehr
mein, meinem, meinen
am meisten
meistens
die Menge, die Mengen
der Mensch, die Menschen
merken, er **merkt**
messen, sie misst, sie maß
das Messer, die Messer
mich
die Milch
die Minute, die Minuten
mir
mitbringen, sie bringt mit, sie brachte mit
der Mittag, die Mittage
die Mitte
der Monat, die Monate
das Moos, die Moose
der Morgen
morgen
müssen, er **muss,** er **musste**
der Mut
die Mutter, die Mütter
die Mütze, die Mützen

N/n

nächste, nächsten, nächstes
die Nacht, die Nächte
nachts
der Name, die Namen
die Nase, die Nasen
nass
der Nebel
neben
nehmen, er nimmt
nennen, sie nennt, sie nannte
neu, neue, neues
nicht, nichts
nie, niemals
der November
nur

O/o

ob
oben
das Obst
offen
öffnen, er öffnet
oft
ohne
das Ohr, die Ohren
der Oktober
der Onkel, die Onkel
der Ort, die Orte

P/p

das Paar, die Paare
paar
packen, sie packt
das Papier, die Papiere
parken, er parkt
passen, es passt
passieren, es passiert
die Pause, die Pausen
der Pavian, die Paviane
das Pferd, die Pferde
die Pflanze, die Pflanzen
pflanzen, er pflanzt
pflegen, er pflegt
pflücken, sie pflückt
die Pfütze, die Pfützen
der Pilz, die Pilze
die Pizza, die Pizzas
das Plakat, die Plakate
der Plan, die Pläne
planen, sie plant
die Platte, die Platten
der Platz, die Plätze
plötzlich
das Poster, die Poster
die Presse, die Pressen
das Produkt, die Produkte
der Pullover, die Pullover
der Punkt, die Punkte
pünktlich
die Puppe, die Puppen
putzen, er putzt

R/r

das Rad, die Räder
der Rand, die Ränder
der Raum, die Räume
rechnen, sie rechnet
rechts
der Regen
regnen, es regnet
reich
die Reihe, die Reihen
der Reim, die Reime
die Reise, die Reisen
reisen, er reist
reißen, sie reißt, sie riss
reiten, sie **reitet,** sie **ritt**
rennen, er rennt, er rannte
richtig
riechen, er **riecht,** er **roch**
riesig
der Ring, die Ringe
rollen, es rollt
der Roller, die Roller
rot
der Rücken, die Rücken
rufen, sie **ruft,** sie **rief**
die Ruhe
ruhen, er ruht
rund, runder

S/s

die Sache, die Sachen
der Saft, die Säfte
sagen, sie sagt
das Salz, die Salze
sammeln, er sammelt
der Sand, die Sande
satt
der Satz, die Sätze
sauber
schaffen, er schafft
scharf
scheinen, sie **scheint,** sie **schien**
schenken, er **schenkt**
schicken, sie schickt
schieben, er **schiebt,** er **schob**
das Schiff, die Schiffe
schlafen, er **schläft,** sie **schlief**
schlagen, sie schlägt, er schlug
schlecht
schließen, er schließt, er schloss
schlimm
schmecken, es schmeckt
schmücken, er schmückt
der Schmutz
schmutzig
der Schnee
schneiden, er **schneidet,** er **schnitt**
schnell
der Schrank, die Schränke
der Schreck, die Schrecke
schreiben, sie **schreibt,** er **schrieb**
schreien, er schreit, sie schrie
der Schuh, die Schuhe
die Schule, die Schulen
die Schüssel, die Schüsseln
schützen, sie **schützt**
schwarz
schwer
die Schwester, die Schwestern
schwierig
schwimmen, er **schwimmt,** er **schwamm**
sechs
der See, die Seen
sehen, sie sieht, sie sah
sehr
sein, seinem, seinen
seit
die Seite, die Seiten
selbst
senden, sie sendet
der September
setzen, er setzt
sieben, siebte
sie sind
singen, er **singt,** er **sang**
sitzen, sie **sitzt,** sie **saß**
die Skizze, die Skizzen
sofort
sollen, er soll
der Sommer, die Sommer
die Sonne, die Sonnen
der Sonntag, die Sonntage
sparen, sie spart
der Spaß, die Späße
spät, später
spazieren, er spaziert
spenden, sie spendet
das Spiel, die Spiele
spielen, er spielt
spitz
der Sport
sprechen, er **spricht,** er **sprach**
springen, sie **springt,** sie **sprang**
spritzen, es spritzt
stachelig
die Stadt, die Städte
stark, stärker
stecken, er steckt
stehen, sie **steht,** sie **stand**
steigen, er **steigt,** er **stieg**
der Stein, die Steine
die Stelle, die Stellen
stellen, er **stellt**
der Stern, die Sterne
der Stift, die Stifte
still
der Stock, die Stöcke
stoßen, sie stößt, sie stieß
strahlen, er strahlt
die Straße, die Straßen
der Streit
streiten, sie streitet
das Stück, die Stücke
die Stunde, die Stunden
suchen, sie sucht
die Suppe, die Suppen
süß

T/t

die Tafel, die Tafeln
der Tag, die Tage
täglich
tanken, er **tankt,** er **tankte**
die Tante, die Tanten
tanzen, sie tanzt
die Tasche, die Taschen
die Tasse, die Tassen
tausend
das Taxi, die Taxis
der Tee
der Teig, die Teige
der Teller, die Teller
der Text, die Texte
tief, tiefer
das Tier, die Tiere
der Tiger, die Tiger
der Tisch, die Tische
die Torte, die Torten
tragen, er **trägt,** er **trug**
der Trainer, die Trainer
der Traum, die Träume
treffen, er trifft, er traf
trinken, sie **trinkt,** sie **trank**
trocken
der Tropfen, die Tropfen

tropfen, es tropft
trüb
das Tuch, die Tücher
die Tür, die Türen
turnen, er turnt
die Tüte, die Tüten

U/u

üben, sie übt
über
überlegen, er überlegt
die Übung, die Übungen
umziehen, sie zieht um, sie zog um
und
uns, unserem, unseren
unten
unter
sich unterhalten, sie unterhält sich
untersuchen, sie untersucht
der Urlaub

V/v

der Vampir, die Vampire
die Vase, die Vasen
der Vater, die Väter
die Verbindung, die Verbindungen
verdienen, er verdient
der Verein, die Vereine
verfassen, sie verfasst
verfolgen, er verfolgt
vergessen, sie **vergisst,** sie **vergaß**
der Verkäufer, die Verkäufer
der Verkehr
sich verkleiden, er verkleidet sich
sich verlieben, er verliebt sich
verlieren, er **verliert,** sie **verlor**
verraten, sie verrät, sie verriet
verreisen, sie verreist
versammeln, er versammelt
verstecken, sie **versteckt**
verwandt
der Vetter, die Vetter
viel, viele
vielleicht
vier
das Vitamin, die Vitamine
der Vogel, die Vögel
das Volk, die Völker
voll
vom
von
vor
vorsichtig

W/w

wachsen, es wächst, es wuchs
der Wagen, die Wagen
die Wahl, die Wahlen
wählen, er wählt
wahr
die Wahrheit
der Wald, die Wälder
die Wand, die Wände
wann
warm
wärmen, sie wärmt
warten, sie wartet
warum
waschen, er wäscht, er wusch
das Wasser
wecken, sie weckt
der Weg, die Wege
wehen, er weht
weich
Weihnachten
weinen, er **weint**
weiß
weit, weiter, weitere
welche, welchem, welchen
wem
wen
wenig
wenn
werden, sie **wird,** sie **wurde**
werfen, er **wirft,** er **warf**
das Wetter
wie
wieder
die Wiese, die Wiesen
der Wind, die Winde
der Winter, die Winter
wissen, er weiß, sie wusste
die Woche, die Wochen
wohnen, sie wohnt
die Wohnung, die Wohnungen
die Wolke, die Wolken
wollen, sie will
das Wort, die Wörter
wünschen, er wünscht
die Wurst, die Würste

Z/z

die Zahl, die Zahlen
zählen, sie zählt
zahlreich
der Zahn, die Zähne
zehn
zeichnen, er zeichnet
zeigen, er zeigt
die Zeit, die Zeiten
die Zeitung, die Zeitungen
ziehen, sie **zieht,** er **zog**
das Ziel, die Ziele
zielen, er **zielt**
das Zimmer, die Zimmer
der Zoo, die Zoos
zu
zuerst
der Zug, die Züge
zuletzt
zum
zur
zurück
zusammen
zusammenfassen, er fasst zusammen
die Zwiebel, die Zwiebeln

Wichtige Fachbegriffe

		Seite
Nomen	Nomen bezeichnen Menschen, Tiere, Pflanzen und Dinge. Nomen haben die bestimmten Artikel der, die, das und die unbestimmten Artikel ein, eine. Nomen können in der Einzahl und in der Mehrzahl stehen: der Tisch – die Tische, die Tafel – die Tafeln, das Heft – die Hefte.	6, 110
Pronomen	Nomen kann man durch Pronomen ersetzen: Maria – sie, Tim – er, Maria und ich – wir.	36
Verben	Wörter, die sagen, was jemand tut oder was geschieht, nennt man Verben: erwärmen, steigen, strömen.	12, 112
Grundform und Personalform	Verben haben eine Grundform: ziehen. Verben haben verschiedene Personalformen: ich ziehe, du ziehst, er/sie/es zieht, wir ziehen, ihr zieht, sie (alle) ziehen.	13, 112
Gegenwart und Vergangenheit	Verben können in verschiedenen Zeitformen stehen: Gegenwart: Wir spielen. 1. Vergangenheit: Wir spielten. 2. Vergangenheit: Wir haben gespielt.	68, 69, 116
Adjektive	Adjektive beschreiben, wie etwas oder jemand ist. Wenn Adjektive vor Nomen stehen, verändern sie sich: Der Acker ist leer. – der leere Acker	18, 120

		Seite
Aussagesätze	Nach Aussagesätzen steht ein Punkt: Die Kinder spielen Ball.	30
Fragesätze	Nach Fragesätzen steht ein Fragezeichen: Spielst du mit?	30
Ausrufe, Aufforderungssätze	Nach Ausrufen und Aufforderungssätzen steht ein Ausrufezeichen: Aua! Gib her!	30
Satzglieder	Ein Satz besteht aus mehreren Satzgliedern. Ein Satzglied kann ein Wort oder mehrere Wörter haben. Satzglieder kann man umstellen: Leon und Malte sammeln eifrig Fußballbilder. Eifrig sammeln Leon und Malte Fußballbilder.	42, 43, 128
Prädikat und Subjekt	„Was tut ... ?“ findet das Prädikat: Tatjana holt Erde. Das Prädikat ist der Satzkern. „Wer oder was ... ?“ findet das Subjekt.	56, 130
Wörtliche Rede	Was gesprochen wird, heißt wörtliche Rede. Sie steht in Anführungszeichen: „Wir räumen das Klassenzimmer um.“	48, 132
Redebegleitsatz	Der Redebegleitsatz gibt an, wer spricht. Danach steht ein Doppelpunkt: Tom sagt: „Wir räumen das Klassenzimmer um.“ Redebegleitsatz Wörtliche Rede	49, 132

Jo-Jo

Sprachbuch 3

Grundschule Bayern

Erarbeitet von	Olga Brinster, Gersthofen; Isabelle Lux, Obergriesbach
Unter Einbeziehung der Ausgabe von	Frido Brunold, Susanne Mansour, Sandra Meeh, Henriette Naumann-Harms, Rita Stanzel, Monika Wolter, Martin Wörner
Gutachterin	Cornelia Holzer, Gmund
Redaktion	Miriam Heymann, lüra – Klemt & Mues GbR, Wuppertal
Bildredaktion	Helene Schopohl
Illustrationen	Gabriela Silveira, München; Vera Schmidt, Stuttgart
Umschlagillustration	Sylvia Graupner, Annaberg-Buchholz
Layoutkonzept	Heike Börner, Berlin
Technische Umsetzung	buchetage – Ines Kalwert, Martin Walsh, Berlin PER Medien+Marketing GmbH, Braunschweig

www.cornelsen.de

1. Auflage, 3. Druck 2016

Alle Drucke dieser Auflage sind inhaltlich unverändert
und können im Unterricht nebeneinander verwendet werden.

Druck: Firmengruppe APPL, aprinta Druck, Wemding

ISBN 978-3-06-083086-2